윤석열, 대통령 된다

윤석열, 대통령 된다

초판 1쇄 발행 2022년 3월 9일

지은이 박서영
펴낸곳 드림위드에스
출판등록 제2021-000017호

교정 김성은
편집 김성은
검수 김성은
마케팅 위드에스마케팅

주소 서울특별시 강남구 압구정로14길 32-1, 102호(신사동)
이메일 semi00700@naver.com
홈페이지 www.bookpublishingwithess.com

ISBN 979-11-976193-7-3(03810)
값 11,500원

- 이 책의 판권은 지은이와 드림위드에스에 있습니다.
- 이 책 내용의 전부 또는 일부를 재사용하려면 반드시 양측의 서면 동의를 받아야 합니다.
- 잘못된 책은 구입하신 곳에서 바꾸어 드립니다.

평생 겪은 신비한 꿈 이야기

윤석열 대통령 된다

박서영 지음

대한민국 제43대 검찰총장 및 대통령 후보
윤석열

선거법 위반으로 출판 보류하고 21년 8월 말 공증 후 선거 다음 날 출판하다. 역대 대통령 5명을 神夢豫見(신몽예견)한 어느 가정주부의 평생 겪은 신비한 꿈의 이야기(김영삼, 김대중, 노무현, 이명박, 박근혜 그리고 여섯 번째 윤석열의 예몽)

드림위드에스

차례

1. 평생 겪은 신비한 꿈 이야기 ——— 6
2. 경제에는 크게 성공했지만 자식농사에는 크게 실패한 어느 지인의 이야기 ——— 86
3. 숨어 우는 모정(母情) ——— 100
4. 혼돈(混沌) chaos 時代(시대)의 希望(희망)! ——— 123
5. 난세(亂世)에 영웅(英雄)이 나타난다! ——— 148
6. 윤석열, 대통령 된다 ——— 172

1
평생 겪은 신비한 꿈 이야기

나는 지금 74세의 평범한 가정주부다. 지금은 생업으로 작은 한식 식당을 하면서 코로나 한파에 시달려 월세를 내기도 버거울 때가 있기도 한 영세상인이기도 하다. 나는 이 글을 쓰기 이전에 많이 망설이기도 했다. 1949년 4월 20일 경남 창원시 대산면 가술리 강촌에서 태어나 대산초등학교 한은 중고등학교를 졸업하고, 남부럽지 않은 부유한 집안에서 부족함 없이, 배고픔 없이 살았다. 남들은 없어서 도시락을 못 싸 오는 애들도 있었고 꽁보리밥, 잡곡밥에 넉넉지 않게 사는 시대였지만 비교적 넉넉한 부유한 집안에서 귀여움을 독차지하면서 복덩이로 자랐다. 내가 자란 동네는 황씨, 박씨, 서씨가 많이 사는 집성촌이었는데 나는 외삼촌이 네 분, 이모가 세 분이 있어 많은 외삼촌 틈바구니에서 부러움을 한 몸에 받으며 항상 왁자지껄한 가운데 살았다.

나는 초등학교 2~3학년 때로 기억되는데 학교 갔다 집에 오는 길목에 밭에 모셔진 친할머니 산소에 들러 꼭 엎드려 절을 하고는 했다. 누가 시키지 않았어도 빠지지 않고 산소에 절을 하는 모습을 보고 어른들은 신통히들 보시곤 했다. 명절 때가 되면 외삼촌 댁에서 돼지를 잡아 여러 형제가 함께 모여 사는 잔치 같은 행사에 돼지 삶은 냄새가 싫어서 집에 안 들어가고 밖을 빙빙 돌기도 했다. 남들은 고기에 욕심을 내기도 하건만 나는 그것이 싫어서 채식만을 고집했다. 학교 갔다 오는 길목에 작은 사찰이 있었는데 누가 시키지도 않았는데 꼭 그 사찰에 들러 삼배하는 것을 잊지 않았단다. 하루도 거르지 않고 계속하는 것을 어른들은 신통히 여겼다.

탈 없이 성장하여 사정상 대학 진학을 포기하고 어른들 중매로 같은 성씨를 가진 사람과 혼인을 했고, 생활하면서 겪은 크고 작은 꿈을 꾸었는데, 어째 그리 신통하게 맞는지 의아해할 정도였다. 그때마다 주위에서 내가 꾼 꿈 이야기를 들으려고 모여들었고 소문이 자자했다. 그렇다고 나는 무녀(巫女)는 아니다. 내 집에 불상을 모셔 놓거나, 무당들이 읊는 주술도 모른다. 다만 내가 좋아서 찾아가는 사찰을 올곧게 믿고 정성을 들일 뿐이다.

우리 외할머니에 대한 꿈 이야기를 소개하려고 한다. 우리 외할머니는 평소에도 풍채가 우람하시고, 건장하시고 얼굴이 불그스레하셔서 누가 보아도 부잣집 할머니로 보이신다. 외할머니가 작고하셔서 큰외숙 장손(큰외사촌 오빠)네 집에서 제사를 모셨는데, 그 오빠네는 교인이었다. 대문에 십자가가 걸려 있었고, 어느 날 꿈을 꾸니까 외할머니가 평택 진위면 만기사에 위패를 모셨는데 몸매가 바싹 마른 초라한 모습으로 만기사에서 나물을 무치고 계신 것을 보았다.

나는 외할머니에게 할머니 왜 풍채가 이렇게 안 좋으셨느냐고 물으니까. "네 오빠네 집 대문에 십자가 때문에 들어가지 못하겠다"라고 하시었다. 나는 이러한 사실을 큰외숙 식구들에게 알렸다. 그래서 둘째 오빠가 제사를 모시기로 하고 다음 제삿날이 왔을 때 둘째 오빠가 네가 꿈을 꾼 대로 내가 제사를 모실 테니 너 꼭 오너라, 하여 그날 저녁 꿈을 꾸었는데 풍채 좋은 모습으로 비단 함박꽃 무늬에 좋은 의상을 입고 활짝 웃는 모습을 보여 오빠에게 좋은 일 있을 것이라고 말했다. 이후 제사를 모신 작은오빠네 집 가까운 곳에 전철역이 생기고 집값이 크게 오르는 등 모든 일이 좋은 일만 계속 생겼다. 이후 자손들도 모두 잘되고 집안이 태평성대하는 지경에 이르렀다. 외가댁에서는 내 꿈이라면 지금도 귀히 여기고 영험하게 생각한다.

한번은 집 앞을 지나가는 노스님을 정중히 집 안으로 초청하시고 어머니께서 노스님에게 나의 신비한 꿈 이야기를 전해 주시니 스님께서 하시는 말씀이 따님은 옥황상제님의 딸로 태어나서 이 땅으로 환생한 사람이니 잘 키우셔라, 매사 하는 일이 영특하고 하는 일마다 미래를 내다보는 결과가 있을 것이다, 하였다.

우리 어머니는 뱀띠셨는데, 과채류 채소를 심으면 잎은 무성하고 줄기는 크게 번성하는데 열매가 잘 열리지 않더란다. 하여 채소를 심을 자리만 파 놓으시고, 씨앗은 나에게 심으시라고 하시던 때가 많았다. 어쩐지 내가 심은 호박이나 오이 등은 그렇게도 많이 열리는 진풍경도 있었다.

행복해지려면 세 가지만 있으면 된다고 한다. 첫째는 사랑

할 사람(someone to love), 둘째는 해야 할 일(something to do), 이뤄지기를 바라는 그 무엇(something to hope)이 있으면 행복하다고 하였다. 양부모를 사랑하여 말썽 안 피우며 말 잘 듣고 아홉 살이나 터울 늦은 남동생 돌보는 등을 행복으로 알고 외할머니나 어머님의 뜻에 따라 가까운 사찰 등을 찾아 스님의 불경 해설을 들으며 세상을 거스르지 않는 자연 섭리에 순응하며 살려고 애썼다. 上善若水(상선약수)라고 하지 않던가, 물의 섭리, 높은 곳에서 낮은 곳으로 겸손하게 막히면 기다렸다가 넘칠 때 함께 가고 높음이 가로막으면 돌아서 가고 아래로 아래로 가다 보면 결국은 넓은 한곳으로 모여진다는 물의 섭리를 닮으려고 애쓰며 살았다.

　나는 돈을 벌려고 이 악물고 독하게 마음먹지 않는다. 나는 젊은 나이에 직원 약 40여 명을 데리고 일하는 무진 모피라는 모피 제조 의류 제조 회사를 운영하였다. 토끼털이나, 수달피를 재단하고 봉제하였다가 미 상사에 납품하는 시스템으로 옷 제조 회사였다. 지인의 도움으로 함께 나누고 함께 성장하여 함께 키워 가는 공동체적 기업으로 모두가 한마음으로 열심히 일했다. 물론 대금 회수는 그 당시 대체적인 수단으로 어음이나 3~6개월 거치의 지급수단이었으므로 항상 자금에 쪼들리고 목말라했다. 일감도 꾸준하게 균일하게 항상 있는 것이 아니고 일감 없이 40여 명 직원이 노는 경우가 없지 않았다.

한 번은 일감이 없어 40여 직원을 데리고 강원도 '월정사'라는 사찰을 찾아 간절하게 소원했다. 이 많은 중생을 보살펴 주십시오. 모두가 돈 없고 배경 없는 이 중생들이 육체적으로 노력하고 공들여서 먹고살기 위한 작은 희망을 저버리지 마시고 우리 우진 모피에 많은 일감을 주십시오. 그 은혜 잊지 않고 진정으로 떡을 한 시루 공양 올리겠나이다. 마음속 다짐하여 약속하고 집으로 와 보니까 이게 웬일인가. 일감이 태산같이 쌓여 있는 것을 보고 기적 같은 현실에 전 직원 함께 껴안고 울어 본 적도 있다. 하나 이상한 현상은 불공을 드리기 위해 성냥불을 켜서 초에 붙인 후 그 성냥불을 끄기 위해 물에다 성냥개비를 물에 담그는 순간에 불꽃이 확 터지는 현상이 발생하여 모두가 기이한 현상이라고 놀라곤 했다. 그 후 나는 약속을 지키기 위해 떡을 한 시루 만들어 다시 월정사를 찾은 적이 있었다.

모두는 하나를 위하여! (all for one) 하나는 모두를 위하여! (one for all) 바로 우리의 신조다. 無信不立(무신불립), 믿음 없이는 일어설 수 없다.

깨달음은 늘 늦다. 죽기 전에 알았더라면 좋았을 말은 그렇게 차고 넘친다. 그러니 써 놓고 몇 번이고 새길 일이다. 어제는 지나간 오늘이고 내일은 다가올 '오늘'이라던가. 삶의 기준이 '저기'가 아니라 '여기'이고 '언젠가'가 아니라 '지금'이 되어야 한다. 모든 삶은 편도다.

이후 우진 모피는 별 탈 없이 성장해 갔다. 직원들도 모두 잘 성장하여 독립하였고, 나름대로 여태 가정에 안정을 심어 줬고 사회에도 작은 기여도 하였다고 자부한다. 몇십 년이 지난 지금도 잊지 않고 가정 대소사에도 서로 찾아 회로애락을 함께 나누는 수평적인 인간관계를 이어 가고 있다.

뭇사람들은 저를 보고 하는 말들이 있다. "너는 어떻게 살았길래 몇십 년 전에 함께 살았던 사람들한테서도 너에게 욕을 하는 사람이 한 사람도 없으니 어찌 된 일이냐." 비결을 묻기도 한다. 비결은 아니더라도 한 가지 소신은 있다.

나는 나 개인의 이득을 위해 남을 섭섭하게는 절대 안 한다. 내가 조금 져 주고 내가 조금 손해 본다는 심정으로 살아왔다. 후일 그런 사실을 깨달은 그 상대방이 그 몇 배로 보상을 해 주더라는 사실은 이 세상 섭리 중 하나다.

한번은 아홉 살 아래 남동생이 온몸에 부스럼이 나서 몹시 괴로워했다. 몹시 가렵고 짓무르고 불그스레 악화 양성되어 밤에는 잠도 못 자고 보채는 등 괴롭기 짝이 없었다. 웬만한 병원에를 다녀도 별 차도가 없고 나날이 심해져 가던 중 하루는 꿈을 꾸는데 꿈에 스님이 나타나 하시는 말씀이 전혀 모르는 남의 집 일곱 집에서 쌀을 아홉 숟가락씩 얻어다가 절구에 찧어서 떡을 해 먹고 그 쌀가루를 태워서 그 가루를 부스럼에 바르라고 하였다. 어머님께 말씀드려 실제로 그대로 하였더니 신통하게 깨끗이 나아졌다. 실로 기이한 현상이다. 동네 사람들이 소문 듣고 찾아오기도 하고 누나가 어린 동생 살렸다고 모두를 신통히 여겼다. 동네 사람들이 우리는 이러이러한 사정이 있다며 신비한 꿈 좀 꾸어서 알려 달라고 하는데, 어디 꿈을 꾸고 싶다고 꾸어지는 것이던가. 정중하게 사양하고 되돌려 보낸 적이 적지 않았다.

 내가 우진 모피 회사를 운영하다가 속셈 학원을 시작했는데 은혜를 입은 일화를 소개한다. 강사 5명을 채용하여 학생들 100여 명 정도를 가르칠 진성 컴퓨터 학원을 개점하였는데 상당히 주위에서 부러워하는 학원이었다. 주위에서 1억 5천만 원에 넘기라는 주위에 제안이 있을 정도였다. 지금으로부터 약 40여 년 전 1억 5천만 원이면 상당히 큰 액수였다. 계속 착실하게 잘 운영하였다. 그 옛날 무렵 가을이 지나고 겨울 무렵이면 대나무가 많이 나는 전남 담양 지역에 아낙네들이 소쿠리 장사를 하기 위해 머리에 이고 지고 하며 동네방네 방문 판매를 위하여 내가 사는 경기도 오산 지방까지 많이 오곤 하였다. 물론 돈 들여서 여관잠을 자며 장사를 하여도 되건만 한 푼 두 푼 팔아 모은 돈으로 여관잠을 자기가 아까우니까 우리 40여 명 직원이 사용하는 모피공장에서 잠 좀 자며 숙식을 할 수 없겠느냐는 청이 있었다. 물론 창고 바닥이야 넓어 숙식이야 가능하겠지만, 어찌 토끼털, 각종 모피가 휘날리는 열악한 환경에서 자겠는가. 사양하였더니 허락만 해 주시면 감수하겠다고 하여

같이 살자는 뜻에서 하락하였더니, 주위에 지역에서 장사하는 동료 소쿠리장사 아낙네들은 연락하여 어언 30여 명이 되었다. 식사는 어차피 40명 직원들 식사를 해야 하는 형편이니까 우리 먹는 대로 똑같이 해서 먹이고 식대는 아주 실비를 받았다.

어언 그해 한겨울이 다 가도록 시끌벅적한 세월을 지냈다. 그러는 사이 그 아낙네들이 하나둘 거처를 오산 지역으로 이사하여서 같은 동네 사람이 된 이가 상당히 많았다. 지역에 컴퓨터 학원이 잘된다는 소문이 나니까. 너도나도 컴퓨터 학원이 생기게 되고 경쟁이 생겨 기기를 최신형으로 바꾸어야 하나 하고, 고민이 생기게 되고 사업도 신통치 않아 많은 걱정을 하고 있을 무렵에 이게 웬일인가. 하루아침에 학생 30여 명에 신입생들이 입학을 요청하더란다. 알고 보니 전라도 소쿠리 장수 아줌마들이 너도나도 힘을 합쳐 자녀를 보내 준 것이란다.

양봉하는 벌이 먹은 설탕물이 배 속에 들어갔다 나오면 꿀이 된다. 벌의 배 속을 통과하지 않은 상태는 그냥 설탕물이다. 대승불교 경 전군에 속하는 화엄경 40권 제12에

牛飮水成乳(우음수성유), 蛇飮水成毒(사음수성독)이란 말이 있다. 소가 물을 마시면 젖이 되지만 독사가 물을 마시면 독이 된다는 말이다. 그 소쿠리 장수 아낙네들의 도움으로 어려운 고비를 넘기는 有福同鄕(유복동향) 有難同當(유난동당)! 행운과 고통을 함께 나눈다는 섭리를 따른 나의 마음가짐에 따른 것임이라 겸손하게 믿고 늘 감사하게 여긴다.

 사람을 아끼기로 유명했던 故 이병철 회장은 명심보감에 수록된 "의심하면 쓰지 말고 일단 쓰면 의심하지 말라"는 구절을 평생 경영철학으로 삼았다. 뛰어난 인재를 자기 사람으로 만드는 데 그 능력을 보였던 그는 자사(自社)를 굴지의 대기업으로 성장시킨 동력으로 명심보감에서 배운 인재론을 꼽았다. 可謂知人(가위지인) 큰일을 하려면 사람을 알아보는 안목이 중요하다. 召客擇人(소객택인) 사람을 잘 가려야 욕을 당하지 않는다. 나는 살면서 같은 동아리들끼리 친목회를 만들어 서로 의지하며 발전하기 위한 수단으로 함께 여행도 다니며 친목을 다졌다. 내가 나이 57~58세 무렵. 친구의(친목회원) 남편인 염 사장이 돌아가셨다. 돌아가신 날 저녁에 꿈을 꾸니까 염 사장이 나에게 우리 함께 여행을 가잔다. 나는 그때 집에서 한창 바쁘게 일을 하는 중이었고, 일을 마치려면 한참 더 일하여야 했다. 하여 나는 지금 떠날 수가 없으니 먼저 가시라고 말씀드렸더니 만나자는 역사를 지정 약속하고 염 사장은 먼저 떠나가셨다. 얼마 후 일을 마치고 약속했던 그 역에 도착해 보니 생시 함께 자별하게 지냈던 돌아가신 3인들이 쓸쓸한 역에 앉아 있었다. 혹시 염 사장님 못 보셨느냐, 여기서 만나자고 약속을 하고 왔는데 없으시네요, 하니까. 염 사장은 아까 벌써 출발하셨단다. 나는 그냥 집으로 돌아왔다. 그날이 설날이었다.

친정어머니 댁에 가는 중 아들이 친구인 영석이한테 전화를 하니까 엊저녁에 염 사장님이 너희 엄마에게 여러 번 전화했었는데 전화를 안 받더란다. 염 사장님 엊저녁에 돌아가셨다고 하여 그 길로 문상을 간 적이 있다. 진정으로 마음을 주고 나누었던 간절한 사이라 돌아가실 때도 잊지 않고 보고 싶어 그렇게 여러 번 전화하셨었나 싶어 마음 한구석 울컥한 마음이었다. 또 한편으로는 만약 같이 가자는 여행을 함께 따라갔었더라면 혹시 함께 죽었을지도 몰랐겠다 싶어 사람의 팔자는 알 수 없다. 삶이 오직 불경을 마음속 읊조리며 마음을 달랬다.

섧디섧은 마음으로 천안 공원묘지에 염 사장님을 정성히 안장한 후 집으로 돌아왔다. 때마침 겨울 혹한 중이라 미리 대비한 농부들의 채소밭이 전부 얼어붙은 지경이었다. 마침 같은 친목 회원의 배추밭이 약 300여 평이었는데 배추가 아주 실하게 잘되었는데 마침 배추를 팔 데가 없으니 버리게 생겼다고 하며 끌탕을 하며 나보고 너희 공장 식구도 많고 하니 이 배추를 10만 원만 내고 사 달라고 간청하여 겨울 김장용으로 생각하고 10만 원을 주고 공장 식구들을 데리고 밭으로 데리고 가서 순식간에 거두어들였다. 또 이튿날 날씨가 갑자기 혹한이 닥쳐서 못 거두어들인 다른 집 채소밭은 모두 버렸을 정도였다. 갑자기 배춧값은 3~5배 껑충 뛰었고 물건이 없어 배추를 사지 못해 아우성들이었다. 우리는 사람이 많으니까 여럿이 모두 김장을 만들어 놨고 이웃 아낙네들이 배추 산 값에 10배가 넘는 가격에 자기들에게 팔라고 애걸하여 하는 수 없이 우리 먹을 것만 남기고 모두 처분하여 대박을 터뜨린 일화가 있다. 평소에도 우리를 음으로 양으로 많이 도와주는 염 사장님이 가는 길에 복을 주시었다 싶어 그 고마움을 잊지 않고 있다. 그 이후 그 배추 원주인이 10만 원만 더 달라고 하여 두말하지 않고 추가지급하였다.

 빨리 가고 싶으면 혼자 가고 멀리 가고 싶으면 함께 가라지 않던가. 내가 약삭빠르게 그 배추를 사서 많이 이익을 남기려고 계획하고, 원자재를 싸게 사려고 재주를 부리고 섭섭할 정도로 깎고 값을 후려쳐서 사재기를 한 것이 아니다. 300여 평의 배추를 10만 원만 내고 가져가 달라고 사정하여 사정 봐 주는 방편으로 산 배추가 날씨가 도와주었고 많은 공장 식구가 마침 자산 역할을 한 것이 대박의 실마리가 된 것으로 생각하니, 인생은 억지로 되는 것이 아니다. 역지사지하는 마음으로 상대방을 이해하고 행동할 때 상황은 크게 바뀔 수 있고 큰 대운으로 다가올 수 있음을 깨달아야 한다. 즉 五倫(오륜)에 따름이라 말이 나온 김에 한국 犬 協會(견협회) 회장을 지낸 윤희본 씨의 "진돗개 이야기"라는 책에서 개, 사회에서도 五倫(오륜)이 있다는 걸 알게 됐다.

知主不吠(지주불패), 즉 주인을 알아보고 짖지 않는다. 이는 君臣有義(군신유의)이고 小不大敵(소불대적) 즉 작은 개는 큰 개와는 안 싸운다. 이는 長幼有序(장유유서) 毛色相似(모색상사) 이는 새끼가 아비 털을 닮는다. 이는 父子有親(부자유친)이라 有時有情(유시유정) 이는 때가 아니면 어울리지 않는다. 곧 夫婦有別(부부유별)이라 一吠衆吠(일폐중폐), 즉 한 마리가 짖으면 온 동네 개가 다 짖는다. 朋友有信(붕우유신)이라. 평소에도 되짚어 보아야 할 대목이 아닌가 싶다.

 내가 경기도 오산시에 살 적에 얘기다. 오산시장 선거 무렵이다. 같은 친목회원의 남편 박신원이 입후보하면서 신통하게 꿈을 꿔서 잘 맞춘다는 소문을 듣고 수시로 와서 예견을 묻곤 했다. 박신원의 妻(처) 첫째 제일이 가까워서 꿈을 꾸니까 그러니까 내 나이 44세~45세 무렵인데 돌아간 박신원의 처(妻)인 친목회원이 고개를 절레절레 흔들더라. 그 이야기를 전해 주면서 이번에는 안 되겠다고 하였다. 상대는 높은 기관에서 내려온 불거주 무명인이었는데 토박이고 나름대로 봉사도 많이 한 터줏대감인 박신원이 어이없이 깨지고 만 것이다. 하여 또 한 번 꿈의 신비함을 주위 사람들이 모두 느낀 실례였다.

1~2년 후던가. 연이어서 국회의원 선거가 있었다. 현직 국회의원이 아직 젊은 초선이라 그 위상이 한참 상승 중이고 누가 보아도 박신원이가 대적함은 달걀로 바위 치기라고 만류할 정도였다.

박신원이는 아예 선거사무실을 우리 식당 옆에다 차려 놓고 모든 식사는 우리 식당을 이용하면서 좋은 꿈을 꾸어 달라고 보채기까지 하였다. 아닌 게 아니라 하루는 꿈을 꾸는데 박신원의 처가 자가 집 대청마루를 쓸고 있는데 앞마당에 있던 모든 미물들이(개구리, 두꺼비, 올챙이, 물방개, 오리, 닭, 병아리, 염소, 송아지, 쥐 등등) 모두 밖을 향해 고개를 돌리고 향해 나가더니 다시 안대청 쪽으로 향해 고개를 돌리고 기어들어 오더라는 것이다. 하여 이번 국회의원 선거에서는 당선될 것이라고 말했다. 실제로 개표 상황을 살펴보니까 초반에서 중반까지는 열세를 면치 못하더니 중반에는(박신원의 고향 쪽을 개표할 때는) 무더기로 지지표가 쏟아져 나와 비교적 안정적 추세로 신승하는 절묘함을 보았다.

이 일이 있고 나서 박신원은 나의 꿈이라면 철저히 믿고 따르는 동조자가 되었고 그 소문은 멀리멀리 전해졌고 주위 사람들로부터 자자한 칭송을 들은 바 있다. 어쩌면 내 꿈이 신비하다기보다 돌아가신 박신원 처(아내)의 앞을 밝혀 주는 내공 덕분이라 생각되어 돌아가신 부인께 잘해 드려야 한다고 충언까지 잊지 않았다. 돌아오는 박신원 아내의 기제사일에는 상시보다는 풍성하고 특별한 제수를 장만하고 정말 정성스러운 제(祭)를 올릴 때 혼신을 달래 주는 것을 보기도 하였다.

지금도 30여 년이 지났지만, 그때 그 인연으로 잊지 않고 안부를 피차 나누며 산다. 크고 작은 가사일도 서로 의논하면서 좀 더 좋은 방향으로 방법을 찾아 슬기롭게 살고 있다. 옷은 새것이 좋고 사람은 옛사람이 좋다고 하지 않던가. 한번 맺었던 인연을 헌신짝 버리듯 할 일이 아니다. 친목계가 한낱 가정 대소사에 부조금 보태 주는 역할이 아니라. 불행을 나누면 반으로 줄고 행복을 함께 나누면 배로 된다는 이치에서 보듯이 두고두고 나누고 보태는 마음가짐이 인간을 풍성하게 한다.

성냥개비 하나를 부러뜨리기는 쉽다. 그렇지만 성냥개비를 한 묶음 묶어서 부러뜨리려면 좀처럼 어렵다. 묶음의 철학이다. 친목계가 기초 사리의 친목단체로서 상호 간의 버팀목 역할의 윤활유다. 그래서 사람 인 자가 사람이 서로 버티고 의지할 형태의 人 자가 된 걸로 안다.

사람이 살면서 자기가 자신을 키우는 방법이 있다. 언젠가 해야 할 일이라면 지금 해라. 누군가 해야 할 일이라면 내가 해라. 기왕에 지금 내가 할 것이라면 온 힘을 다해서 열심히 해라. 누가 다시 하지 않아도 될 정도로 온 힘을 다해라. 이러한 마음가짐이 쌓이고 축적되면 남의 입에 오르내리게 되고 철저한 긍정의 인격자로 바뀌어 갈 것이다.

우리 주위에서 흔히 볼 수 있는 배움의 철학이 하나 있다. 문짝은 썩어도 지도리는 좀먹는 법이 없다. 출입을 막아서는 문짝은 비바람에 쉬 섞는다. 하지만 문짝을 여닫는 축 역할을 하는 지도리는 오래될수록 반들반들 빛난다. 좀먹지 않는다. 어째서 그런가. 옛 고서 여씨춘추(呂氏春秋)에서 흐르는 물은 섞지 않고 둔 지도리는 좀먹지 않는다. 움직이기 때문이다.

流水不腐(유수불부) 戶樞不蠹動也(호추불두동야)라 했다. 하나만 붙들고 고집을 부리기보다 이것저것 다 받아들여 자기화하는 유연성이 필요하다. 좀먹지 않으려면 흘려라. 툭 터진 생각 변화를 읽어 내는 안목이 필요하다. 강한 것을 물리치는 힘은 부드럽게 낮추는 데서 나온다.

商容(상용)은 老子(노자)의 스승으로 알려진 인물이다. 그가 세상을 뜨려 하자 노자가 마지막으로 가르침을 청했다. 상용이 입을 벌리며 말했다. "혀가 있느냐?" "네 있습니다." "이는?" "하나도 없습니다." "알겠느냐?" 노자가 대답했다. 강한 것은 없어지고 부드러운 것은 남는다는 말씀이군요! 말을 마친 상용이 돌아누웠다. 노자의 柔弱謙下(유약겸하), 즉 부드러움과 낮춤의 철학이 여기서 나왔다. 강한 것은 남을 부수지만 결국은 제가 먼저 깨지고 만다. 부드러움이라야 오래간다. 어떤 충격도 부드러움의 緩衝(완충) 앞에서 무력해진다. 강한 것은 더 강한 것으로 막으려 들면 결국 둘다 상한다. 노자 도덕경에도 柔弱勝强剛(유약승강강) 부드러움과 약함이 본세고 강한 것을 이긴다. 결국, 지는 것이 이기는 거고 숙맥으로 사는 게 이기는 것이다. 숙맥(菽麥) 철학이다.

지금 우리 세상은 겪어보지 못한 비대면 사회에 살고 있다. 자식이 부모를 뵈러 갈 수 없고 형제간 5명 이상은 모여 식사도 할 수 없는 괴이한 코로나 현상에서 모든 일상생활이 바뀌고 있다. 학생들은 등교를 못 하고 학력의 격차가 사회문제로 고민하기 시작했다. 하루 벌어 하루 먹고사는 중소상인들은 아우성이고 그나마 일용직 고용노동자들의 퇴출로 온 세상이 폭발 직전의 활화산이다. 사망자가 세계 2차 대전 때를 넘어서는 세기의 공황이다.

경자(庚子)년! 중국민족에게는 경자년에 징크스가 있다. 1840년 庚子(경자)년에는 아편전쟁에서 져서 천하의 중심국가 자리를 유럽에 넘겨주었고 1900년 경자년에는 의화단 사건으로 열강에 4억 5천만 냥의 배상금을 지불하였고 1960년 경자년에는 정책실패와 자연재해로 10만 인구가 감소하였고 2020년 경자년에는 코로나19로(발원지: 중국 우한) 유럽과 미국의 책임추궁을 하는 등 국가적 위기를 맞고 있었다. 어찌 중국뿐이랴. 어느 국가나 개인도 다가올지도 모를 우환이나 천재지변도 미리 대비하고 준비하는 有備無患(유비무환) 정신이 필요한 것이다.

可以寬恕(가이관서) 不可以忘却(불가이망각) 용서할 수는 있지만 잊을 수는 없다. 중국이 난징 30만 대학살을 보는 의지다. 숙적 일본 처사에 잊을 수 없지만 높은 문명과 풍부한 자본에 국교를 이어가는 숨은 전술은 새겨 볼 일이다. 毛澤東(모택동)은 고졸 학력임에도 중국의 패권을 둘러싼 전쟁에서 日本陸士(일본육사) 출신의 엘리트 군인인 장제스(蔣介石)를 물리치고 승자가 됐다. 바로 적(敵)과 다른 방법으로 싸울 줄 알았던 덕분이다. 적(敵)이 다가오면 물러나고 멈추면 교환하며 피하면 공격하고 물러나면 추격한다는 그의 16보 전법(戰法) 비밀병기였다.

삼국지에서 조조는 逢山開道(봉산개도) 산을 만나면 길을 트고 우수 가교(遇水架橋) 물을 만나면 다리를 놓는다. 옛 선비들의 말씀을 새겨들을 일이다. 이찰시변(以察時變)이란다. 때의 변화를 잘 살펴야 한다. 등산 득명(登山得名) 산에 올라 이름을 얻어 남기고 입산수도(入山修道) 산에 들어 도(마음)를 닦는다. 유산풍류(遊山風流) 산에서 풍류를 즐긴다. 루산자족(樓山自足) 산을 다락 삼아 만족을 느낀다. 기질과 취향에 따라. 登入游樓(등입유루) 올라 즐기는 다락(대청)이 각기 다르다.

등산가 박영석은 雪山(설산)에서 죽었다. 그는 죽었지만, 그 이름은 오래 기억될 것이다. 진 꽃은 또 피지만 꺾인 꽃은 다시 피지 못한다. 지고도 이기는 것이다. 사람은 누구나 불로장생하기를 바란다. 하여 십장생(十長生) 태양, 산, 물(太陽, 山, 水) 돌(石), 구름(雲), 소나무, 불로초, 거북, 학, 사슴을 아끼고 귀히 여긴다. 신부(新婦)가 혼수를 장만할 때 빠뜨리지 않고 챙겨 가는 수예품 중에 꼭 십장생이 있었다. 구식 신혼 대례식에 등장하는 기러기 한 쌍도 십장생이 변형된 바람이었으리라. 그리고 변하지 않고 일부종사(一夫從事)라는 새의 생활 습관을 따르려는 사람의 바람이었을 것이다.

김황식 총리가 청년 시절 품은 좌우명이 있다. '유치환'의 "바위"다. 내 죽으면 한 개 바위가 되리라. 愛憐(애련)에 물들지 않고 喜 怒(희로)에 움직이지 않고 비와 바람에 깎이는데도 億年(억년) 비정의 緘默(함묵)에 안으로 안으로만 채

찍질하여 드디어 생명도 망각하고 흐르는 구름 먼 遠雷(원뢰) 꿈꾸어도 노래하지 않고 두 쪽으로 깨져도 소리하지 않는 바위가 되리라. 이 또한 심 장생 중의 하나가 아닌가. 늙지 않고 죽지 않으려는 인간 욕구가 십장생을 닮고 따라가려는 마음의 발로에서일 것이다.

나의 친목회원 중 윤○○ 여사(女使)가 있다. 사교성이 있고 친구를 좋아해서 장난삼아 놀이로 화투놀이를 하느라고 간혹 집에를 새벽 일찍 들어가는 날이 있었단다. 하루는 꿈을 꾸는데 그 윤 여사의 아들이 이불을 깔고 눕더란다. 너 왜 우리 집에 와서 눕느냐 하니까 엄마가 화투를 치다가 밤늦게 들어온다고 하여 네가 그래서 우리 집에 와서 누웠구나 생각했다. 윤 여사가 실제 새벽에 집에 와 보니 아들이 몹시 아파서 목숨이 경각에 달렸더라. 바로 병원엘 입원을 시켰다. 나는 실제 바로 병문안을 하고 와서 그날 저녁 꿈을 또 꾸니까 방에 독립투사들이라는 사람들이 있었는데 그중에 제일 높은 사람이라 하는 이가 하는 말이 윤 여사 아들은 내 삶의 여생을 이어받아 남은 삶을 살아가던 아이니까 너무 슬퍼 마라, 그 증표를 알려 주마, 하며 그 아이의 우측 엉덩이에 커다란 흑점이 있지 않더냐 물으니 탄복을 하며 마음을 안정시켰다. 용인시 만의사에 위패를 모시고 스님 의견에 따라 각종 장기를 기증하였다. 윤 여사는 아들이 비록 짧은 생을 마감했지만 수많은 낯모르는 이들에 새 생명 새 희망을 이루었다는 자부심에 새 마음가짐으로 새 삶을 산단다. 그 좋아하던 화투놀이도 딱 끊고 머릿속부터 마음가짐을 갈고닦겠다는 마음으로 아주대학교 경영대학원 1년 과정을 입학 수료하였고 신개념의 교수님들의 경영철학으로 다시 태어나는 제2의 인생 과정을 살고 있다.

사람들은 윤 여사는 아들 죽고 사람이 달라졌다고들 한다. 화투놀이 같이 던 동료가 불러내면 일절 응하지 않고 시청에서 운영하는 자원봉사모임에 참가하며 열심히 봉사하며 공익에 이바지하였다. 넉넉지도 않은 살림임에도 홀몸 노인과 祖孫家廷(조손가정)을 위한 연탄 무료기증 사업에도 솔선 참여하는 등 따뜻한 사회 분위기 조성에 앞장서 보는 이로 하여금 본보기가 되기도 했다. 틈나는 대로 수시로 불가에 들러 마음을 갈고닦는 기회로 삼았다.

고등학교 졸업 무렵 국어 시간 선생님께서 하신 말씀 중에 잊히지 않는 구절이 있어 소개한다. 사람이 살다 떠난 자리를 항상 단정히 하라는 말씀인데 흔히 논에서 우렁이나 물고기를 잡아먹는 황새라는 새는 자기가 활동하는 자리에서 떠날 때가 되면 서너 걸음 사뿐히 걸어가서 그 자리에 잠깐 물이 깨끗해질 때까지 기다렸다가 사뿐히 위로 날아오른단다. 떠난 자리는 항상 물이 맑았고 흙탕물이 없었다는 停所靜請(정소정청)의 습관은 우리 인간이 반드시 배워야 할 태도 아닌가?

유난히 잠귀가 밝아서 도둑 지키는 데 많이 기르는 거위란 놈이 있었는데 이놈은 일부종사(一夫從事) 맺어진 부부 인연을 죽을 때까지 지킨단다. 어쩌다가 먼저 간 동반자를 생각하며 재혼을 하지 않고 홀로 지낸다는 갸륵한 순애보의 가르침은 인간에게 던져 주는 화두다. 까치집을 낮은 곳에 지으면 그해 가뭄이 들고 높은 곳에 지으면 장마가 질 것이란 우리네 인식은 그 미물이 내다보는 혜안에 탄복할 따름이다. 더구나 죽은 나무에는 절대로 집을 짓지 않는다는 혜안은 정말 앞을 내다보는 명석함에 놀라지 않을 수 없다. 살아 있는 나무에서 올라오는 생기가 있어야 자손이 잘

자랄 수 있다는 확신에서 이리라 어찌 사람이 이러한 미물들(거위, 까치)만도 못하랴. 앞을 내다보고 결과를 예측할 수 없으랴.

윤 여사는 아들이 죽고 난 후 사고방식이 완전히 바뀌어 경영대학원 입학으로 새로운 사고방식을 받아들이고 실천함으로써 자신을 키워 나가는 이 사회에 작은 밀알이 되고자 노력 중이다. 죽은 아들 생각에 울고만 있을 게 아니고 누군지 모를 몸 일부로 수많은 아들로 딸로 살고 있다는 확신으로 늘 감사드리고 산다. 또 그들이 늘 건강하기를 또 내 아들의 육신 일부가 건강하기를 축원하며 못다 한 엄마의 마음을 전하려 한다. 이후 가정도 화목해지고 가사도 점점 좋아져 형편도 좋아졌다고 한다. 해 뜨는 시간만큼 저무는 시간도 아름답다.

윤 여사는 아들이 저무는 시간을 아름답게 만드는 엄마다. 마음을 닦고 깨끗이 하여 아름답도록 시신 기증을 결정했고 누군가의 몸 일부분으로 건강하게 자랄 수 있도록 기도하며 산다. 바닷물은 배를 띄울 수도 있지만, 배를 뒤집을 수도 있다. 역시 사람은 가치의 초점을 어디에 두느냐에 따라 변할 수 있다는 것이다. 이 세상은 엄마들의 아니 여자들의 무게가 바꾸어 갈 수 있음을 말해 준다.

3월 8일은 세계 여성의 날이었다. 1975년 UN(유엔)에서 공식 지정한 기념일이기도 하다. 2020년 3월 미성년자 성 착취 동영상 유포로 대한민국을 경악시킨 'N번방 사건'을 최초로 보도한 두 명의 20대 여성에 의하였음은 세상을 뒤집은 용기였다. "남성에 의한 폭력을 멈추려면 남성의 침묵을 깨라는 외침이 세상을 뒤집었듯이 여자의(엄마) 잠재력은 가히 위대하기까지 했다."

내가 사는 경남 창원시 대산면은 농지가 넓어 하우스 재배가 많았다. 벌판이 온통 하얀 하우스 벌판이다. 우리 신랑 사촌 제수 댁도 하우스를 많이 하므로 밥 먹고 잠자는 시간 말고는 온 식구가 하우스에서 살다시피 매달리곤 했다. 하우스 안은 열기가 대단하고 습기가 많아서 그 고통은 형언하기 어려웠다. 그중에 사촌 제수가 몸에 부스럼이 나기 시작했고 발진이 생겨 곪아 터지기도 하여 가렵고 통증으로 무척 고생하였다. 더욱 이상한 것은 해가 뜰 무렵이면 증상이 싹 가시고 해가 지기 시작하면 증상이 재개되는 현상이 반복했다. 일명 하우스병이라고들 하는데 소문에는 잘못하면 목숨까지 잃는다는 나쁜 소문까지 나돌기도 했다. 물론 용하다는 병원은 물론이고 용하다는 곳은 모두 찾아봤지만 좀처럼 차도가 없었다.

　온 식구가 걱정을 하면서 백방 병 고칠 방법을 찾는 중이었다. 어느 날 저녁 꿈을 꾸었다. 그러니까 24세에 결혼을 했고 26세에 아들을 낳은 얼마 후니까 35~36세쯤일 것이다. 마을 끝 집에 가면 아기를 낳아 마당에서 애기 탯줄을 왕겨 속에서 태우고 있을 것이다. 그 탯줄을 얻어다가 물에 끓여 그 물로 목욕을 하라고 하더란다. 나는 그때 그 동네 사정도 잘 모르고 있고 아기를 낳았는지조차도 전혀 모르는 중이었다. 이 꿈 이야기를 사촌 제수네 집으로 전해 주었더니 실제로 동네 끝 집에 아기를 낳았다고 하더라. 그 집에 찾아가서 사정 이야기를 하고 양해를 구하여 그 태를 얻어다가 꿈이 가리키는 대로 물에 끓여서 그 물에 목욕하였다. 이 어찌 된 일인가. 씻은 듯이 깨끗이 낫더란다. 그 고통스럽던 악몽에서 해방되었고 온 집안 식구가 걱정을 씻었다. 무엇보다도 죽음의 그림자에서 벗어나게 되었고 다시 가정은 화평한 모습을 되찾았고 하우스 일도 더욱 열심히 하여 많은 소득으로 가정은 큰 부를 이루었다. 용한 꿈을 꿔 줘서 고맙다는 말과 함께 사이가 더욱 돈독해졌다는 것이다.

도대체 이러한 꿈은 어떻게 꾸게 되는 것일까. 자신도 놀라곤 한다. 다만 혼자 부처님께 진심으로 감사하게 제를 올리고 계속 다니던 사찰을 찾아가 마음을 닦고 다짐을 약속하곤 한다. 그렇다고 나는 어떤 무녀도 아니고 집안에 그 어떤 신을 모셔 놓고 의례를 치르는 행동도 하지 않는다. 가장 평범한 가정주부이고 남에게 박하게 하지 않고 서운하게 할 어떤 일도 삼가는 편이다. 한 가지 남다르다고 생각한다면 사찰을 자주 찾는다는 것이고 진심을 축원을 올리고 많은 신도들을 구해 주기도 하였다.

그때 우리는 자동차가 있었으니까 오갈 적에 신도들을 태우고 오갔고 몸으로 때울 수 있는 일은 뭐든지 마다치 않고 앞장서 봉사했다. 한번은 스님이 절에서 쫓겨나 거처할 곳이 없는 지경에 마침 비어 있는 이층 방이 있는 주인의 허락을 얻어 작은 사찰을 만들어 드렸다. 스님의 사정이라면 내일이나 다름없이 솔선수범하였고 하루가 다르게 그 새로운 사찰은 성장하였고 스님도 떳떳한 독립된 스님으로 등록하고 수행을 하게 되었다. 이렇게 쓰러져 가는 스님을 일으켜 세웠고 불가에 원천적인 봉사에 일조하였다. 주역의 한 구절이다. 二人同心(이인동심) 두 사람이 마음을 같이하면 其利斷金(기이단금) 그 예함이 쇠도 끊는다. 허한 말이 아니다.

나는 생활하면서 아들딸 두 남매를 두었다. 지금은 모두 성장하여 큰 걱정거리 없이 잘살고 있다. 그 애를 가질 적에 꾸었던 태몽 꿈도 하도 괴이해서 다시 되새겨보곤 한다. 아들은 지금 호랑이띠이니까 48세이다. 꿈에 외사촌인 낙창이 성공 이와 신랑 등이 바닷가를 걷는데 서해 쪽에서 번개 같은 광택 나는 무지개를 타고 용이 나의 옆구리를 콱 물더라는 것이다. 놀라서 깨었고 그것이 태몽이었음을 알았다. 아이는 영특하면서 남다르게 똑똑하게 성장하였고 유학을 위하여 준비 중이었는데 마침 안기부 중국 담당이었던 성공이 말이 앞으로는 중국과의 거래가 불가피하고 멀리하기엔 국민적인 숙원 사항이었다.

가깝기도 하고 환율도 US보다는 저렴하니 중국 유학을 권하는 바람에 중국으로 결정하여 심천(썬전)으로 갔다. 물론 넉넉지 않은 산림에 어려움이 없지 않았다. 없어서 외로워서 고생도 하고 부모와 떨어져 살면서 전에 알지 못하는 고생도 맞보았다. 최근에는 심천에 있는 귀남대학에서 학생들에게 한국어를 가르치는 교수로 또 선전항공 직원들에게 한국어를 가르치는 일을 하다가 지금은 중국 官界(관계) 높은 사람들을 알게 되어 한국 제품을 선호하는 중국국민의 심성을 알고 한국산 제품 각종 대기업 제품을 연결하는 무역업에 통역과 알선을 하는 일로 한 달이면 3~4번씩 중국 한국을 오가는 바쁜 생활을 한다. 중국 관계의 힘으로 전 중국 전역에 물건을 보급하고 돈 떼일 염려 없는 비교적 안정한 상황에서 사업하는데 속마음까지 들여다보며 전해야 하는 통역을 실수 없이 하여야 하는 주의점도 없지는 않다.

결혼도 중국 홍콩 아가씨와 만나 딸 하나 낳고 유복한 생활을 하고 있다. 며느리도 중국 홍콩의 굴지의 대학을 졸업하고 국영은행에 중역으로 근무하는 중이고 수차례의 한국 기관에서 조회하는 신원조회에서도 믿고 거래할 신분으로 확인되어 사업에도 인정받는 중이다. 믿고 자주 찾는 스님의 말씀에 정민(아들)이는 이름자에 글월 文(문) 자가 두 개씩이나 있어 아무리 어려운 일이 있어도 공부를 많이 시켜야 한다. 그렇지 않으면 너무 머리가 뛰어나 남들이 생각지 않는 제3의 길로 들어서게 된다. 즉 나쁜 데모앞잡이나 정치앞잡이의 나쁜 역할을 하는 길로 빠질 수가 있으니 공부를 많이 시켜서 그런 대로 빠질 시간을 주지 말아야 한다고 했다. 경제 면에서도 정주영 씨만큼은 안 돼도 큰돈을 벌게 될 것이며 관직도 총리직까지도 가능한데 성질이 급해 얼마나 버틸지는 모르겠다. 모쪼록 제 어미 닮아서 진실한 불자가 되기를 바라지만 자기 하기 따름이다, 라고 하였다. 물론 아직 젊고 하니까 더 두고 지켜볼 일이다.

내가 아들에게 스님의 말씀을 전해 주어서 틈만 나면 또 어려울 때 즐거울 때는 제가 좋아하는 사찰을 찾아가 깊이깊이 반성하고 소망을 축원한단다. 지금 8살인 손녀딸은 수시로 통화하는 영상통화에서 반갑게 인사하는 모습이 예뻐서 많은 말을 나누고 싶은데 말이 통하지 않아서 아쉽기 한이 없다. 그렇지만 중국어 영어 한국어를 섞어 쓰니까 대충

의사소통은 된다. 영어권에 보모 밑에서 자라니까 영어에 능통하고 제 나라 말이니까 중국어 능통하고 제 아비하고는 한국어만 쓰니까 못 알아듣는 말은 없고 할 줄 아는 말은 소통하는 데 어렵지 않다. 한국말은 제 어미보다 더 잘하고 있으니 귀엽기 짝이 없다.

지금은 아들이 코로나19 때문에 1년 넘게 중국에 못 가고 한국에서만 있다. 홍콩에 민주화투쟁으로 본토의 압박이 심해 고심을 하는 중이다. 며느리의 고모가 영국에 영주권이 있어 이주를 검토하고 있으나 며느리의 급여가 맞지 않아서 걱정을 하는 중이다. 저희가 잘 알아서 할 일이고 모쪼록 건강하기만을 바랄 뿐이다.

우리나라 지방 영수들이 국민을 수탈하고 사리사욕을 일삼을 때 그들 감시하기 위한 암행어사제를 두었을 때 한 지방 영수의 잔칫날에 그 길을 지나던 이몽룡 어사가 잔칫상 한 귀퉁이에서 술상을 받아먹고 한 시 짓기를 청하여 지어 올린 글귀다. "金樽美酒(금준미주)는 天人血(천인혈)이요. 금으로 만든 술잔에 들은 아름다운 술은 천 사람의 피요. 玉盤佳肴(옥반가효)는 萬姓膏(만성고)라. 옥으로 만든 접시에 담긴 아름다운 안주는 만백성의 기름이라. 燭淚落時(촉루락시) 民淚樂(민루락)이라 촛불 눈물 떨어질 때 백성 눈물 떨어지고 歌聲高處(가성고처) 노랫소리 높을 때 怨聲高(원성고)라." 원망의 소리가 높다는 의미심장한 글귀를 보고 약삭빠른 축하객들이 하나둘 자리를 뜨고 드디어 암행어사 출두요, 함성과 함께 성주를 꿇어 앉히고 문초하여 곳간 속에 식량을 굶주린 주민에게 풀어 주어 선정을 베풀었다는 고서에서 현대인들이 비추어 보아야 할 가르침이다. 지금의 공정을 비판하는 20~30세대들의 3포(결혼 포기, 출산 포기, 내 집 마련 포기)의 비애를 다시 새겨 볼 일이다.

현 집권세력들이 이몽룡의 방금 저 漢詩(한시)를 되새겼다면 20~30세대의 삼포 정신은 없었을 것 아닌가. 선거 때마다 뿌리는 매표자금 때문에 늘어난 1,000조 원에 가까운 국가 부채는 고스란히 후대들이 짊어져야 할 업보다. 어찌 명석한 젊은이가 이를 모를 리가 있나. 20~30세대가 그리 어리석은 줄 아나. 모든 결과에는 업보가 있다. 공정하지 않은 과정은 후일 반드시 업보가 따른다. 나는 그렇게 믿는다.

올라가는 것보다 내려올 때가 더 어렵고 조심스럽다. 어찌 이 단순한 이치를 못 깨우치는가. 가정사나 개인사도 마찬가지다. 이 세상만사 중에 가장 센 배경은 정의(정직)다. 정의(정직) 앞에서 그 어떤 권력이나 압력도 개의치 않는다. 당장은 묻히고 그냥 넘어갈지 몰라도 결국은 밝혀지고 이기고 만다. 그래서 20~30년 전 일도 바로잡지 않는가. 다소 늦게 가더라도 정직하게 가자. 이 세상을 사는 正道(정도)다.

둘째 아이는 아들과 두 살 터울 용띠다. 그 애 가질 때도 꿈이 하도 괴상하여 지금도 되새기곤 한다. 친한 친구와 함께 큰 계곡이 있는 곳으로 등산을 가는데 큰 물고기가 계곡 위쪽으로 자꾸 펄쩍펄쩍 뛰어올라 가더라. 내가 결국 그 큰 물고기를 잡았는데 그 고기를 내 친구에게 주려고 하니까 그 물고기가 사람으로 변해서 나에게 하는 말이, 왜 나를 남에게 주려고 하느냐, 주지 말아라, 하며 내 손을 잡고 산 정상으로 올라갔다. 커다란 평원에 큰 창고가 하나 있는데 거기에 함께 들어가니까 각종 비단옷이 가득 있더라, 하면서 나에게 마음에 드는 것으로 마음껏 골라 입으라고 하였다. 자랄 적에는 어찌 애가 순한지 먹을 것만 있으면 울지도 않고 혼자 잘 놀고 보채지도 않는다. 오죽하면 먹을 것 챙겨 놓고 아들 데리고 먼 자연 농원에를 갔다 와도 울지 않고 잘 놀고 있더라.

한 스님이 지나가다가 들러서 하는 말이 나중에 잘살 것이니 잘 기르라고 하였다. 그러면서 지나가는 거지가 달라고 하더라도 첫 번째 혼담이 오가는 사람한테 주어라, 설사 거지라도 나중에는 잘살 것이라고 말씀하셨다. 아닌 게 아니라 시골 농사짓는 사람한테 혼담이 있어 그리로 정하고 딸에게 꿈을 이야기하며 스님 말씀을 전해 주었고 지금은 아들딸 4남매 낳고 시집갈 때보다 100배 재산을 불려 화성시 중에서도 열 번째 안에 드는 부자가 되어 남부럽지 않게 살고 있다.

땅을 산 지 2~3년 후에는 그 땅값이 껑충 뛰었고 딸네 땅 곁으로 다리가 놓여 땅값이 뛰고 산 지 1년도 안 돼서 2~3배 값에 되팔아서 또 땅 사고 지금은 논만 30여 정보 약 9만여 평을 직접 사위가 트랙터, 이앙기 등 기계화 작업으로 일한다. 농약은 헬리콥터로 시청에서 2~3차례 살포하여 옛날같이 힘도 많이 들지 않으며 일꾼들 식사도 옛날처럼 들로 내가는 것이 아니고 차로 집으로 와서 먹는 식으로 별로 힘들이지 않아도 되는 식이다.

시아버지, 시어머니 모시고 혼자 된 시동생과 아이들 둘까지 열한 식구, 대식구가 사는 대가족이다. 손녀가 고3(高三)이니까 다 컸고 조카딸도 그만한 것이 있어 가사도 서로 돕고 어른 행세하며 대우받고 산다. 시청에서도 노부모 모셔 가며 본보기의 가정을 꾸민다고 효부상을 준다고 요청이 오는데 거절한 바도 있다. 손자는 대학 1학년 농업계통 대학으로 진학하였고 컴퓨터 게임설계에 관심이 많은 걸 알아 대기업과 계약을 해 한 달에 3백만 원씩 통장에 꼬박꼬박 입금되는 돈 버는 학생이 되었다. 95세의 할아버지와 85세의 할머니 앞에서 어른 공경하며 자식들 많이 낳고 (밑으로 딸이 쌍둥이) 더구나 어미 없는 조카들 둘까지 항상 집안이 시끌벅적한 환경에서 돈 걱정 없고 만사가 넉넉한 풍족한 생활을 하고 산다.

시어머니가 아들 결혼 전에 어디 가서 며느리를 넣고 물어보니까 아들딸 낳고 잘 살 것이다. 보배 덩어리로 알고 맞이하라는 말을 듣고 시부모님들한테서도 많은 예쁨을 받고 귀함을 받는다. 사위도 저희 엄마한테 들은 바가 있어 아내 알기를 귀히 알고 힘든 일 못 하게 일철이면 아내 힘들까 봐 여자 친족을 데려와서 일 시키고 품삯 지급하는 찬모를 운영하는 등 대우가 극진하단다.

딸네 집 하고는 가까워 8km밖에 안 돼서 수시로 만날 수 있고 의견도 나눌 수 있어 외롭지 않다. 막내 쌍둥이 손녀도 중학교 1학년으로 다 자라서 아들딸 자식 걱정은 안 하고 산다. 내가 운영하는 식당도 큰 모텔과 호텔을 끼고 있어 다른 데는 식당이 안 돼도, 작년보다는 떨어져도 그런대로 잘되는 편이라. 신역은 고되지만, 매일매일 바뀌는 새로운 손님맞이와 매일 움직이는 현금 흐름으로 그런대로 즐겁게 산다. 현재 내 나이 73세로 아직은 건강해서 고맙고 움직일 수 있는 고마움에 즐겨 지낸다.

초하루 보름날이면 찾고 싶은 사찰이지만 바쁜 식당일로 못 갈 때가 많다. 집 뒤쪽에는 나지막한 동산이 있어 밤나무가 많아 많은 밤을 채취할 수 있고 각종 산채(山菜)를 사용할 수 있어 멀리서 아낙네들이 찾아오는 광경이 아름답다. 봄에서부터 늦가을까지 철철이 다른 짙은 향기에 취해

천국 속에 제삼세계에 사는 느낌을 받는다. 집 앞에는 큰 하천과 바다(화성시 매향리 바다)와 이어지는 수심 1.5m의 비교적 얕은 강이 흘러 사시사철 찾아오는 낚시꾼들과 허가받은 선상 고기잡이와 매운탕을 즐기려는 낚시꾼들과 외부인들이 들끓는다. 일반 동네와 좀 떨어진 외딴 이층집이지만 항상 많은 식구와 늘 외부 방문객들이 들끓은 왁자지껄한 가정이다. 풍수적으로 볼 때 그야말로. 背山臨水(배산임수) 形(형)이라.

화성시와 평택시를 잇는 산업도로가 집 옆을 지나가므로 그 도로변에 각종 과일 수를 심어 감, 복숭아, 사과 등은 1년 내내 저장해 뒀다가 수시로 먹을 수 있다. 나이 어린 손녀들과 손자들의 정기를 받음에서인지 시아버지, 시어머니도 90수를 넘기며, 장수하신다. 지하수에서 나오는 식수도 다른 지하수와 달리 오래 두어도 이끼가 끼지 않는다. 그만큼 물이 좋다는 물이다.

항상 낚시꾼들이 왕래하고 산채 나물 캐러 오는 아낙네들이 들끓는 왁자지껄한 가운데 혹 반려견을 버리고 가는 경우가 흔하여 버리고 간 반려견을 거두어 주는 바람에 항상

5~6마리의 개를 기르게 된다. 그들이 새끼를 수시로 낳아 기르는 동안 항상 개가 많다. 이북에서 내려와 항상 고향을 그리며 마음속 외로움을 느끼는 삶 중에 악재 말고는 뭐든지 많음을 좋아한단다.

다다익선(多多益善) 많음이 많음을 보탠다. 많을수록 좋단다. 혹여 만약 이 책을 읽는 그 어떤 이에게 당부드린다. 내가 겪는 이 책의 꿈 이야기 중 각종 치료 사실은 절대 따라 하지 말라는 것이다. 내가 겪은 사실은 한낱 거짓 없는 현실이었지만 그것은 그 시대의 그 사람에게만 국한되는 선택된 상황이었지 공통된 대중에게는 해당 안 되는 상황이니만큼 따라 해서는 절대 안 되는 사항임을 분명히 말한다. 지금은 과학적이고 4차 산업의 시대로 기술이 증명하는 대중적인 요법에 의존하여야 함을 강력히 권고드린다.

이 책을 쓰게 된 이유도 일반 생활 중에서 겪는 일이라면 누구라도 크거나 작게 있을 수 있겠지만, 어찌 이 나라 대통령을 예견할 수 있겠느냐였다. 그것도 어쩌다 한 분이라면 모르겠지만 내리 다섯 분의 대통령을 예견하느냐이고 마지막 윤석열이까지 예몽을 했다는 것은 나 스스로 괴이

함을 느낀다. 중간에 문재인 대통령만 예견을 못 했는데 이유는 독자들이 판단해 보시기 바란다. 나도 스스로 곰곰이 생각해 본다. 말하고 싶은 것은 있지만, 독자에게 맡기고 정치가 아닌 주부로서의 위치만 지키련다. 그 어떤 정치행위도 아니요, 더구나 그 어떤 일신상의 이해를 바라거나 바람을 구하지 않는다. 다만 자신도 괴이하고 놀라워서 밝히는 바이다.

이는 내 책임이고 권리다. 국민은 출판의 자유가 있다. 또한, 의무도 있다. 나는 여자이니까 병역의무는 없고 납세 의무는 철저히 지킨다. 작은 시골에서 식당을 운영하면서 철저한 납세의무를 지킨다. 세무사를 계약하여 철저한 납세를 해 온다. 각종 카드대금도 또 각종 재난지원금의 이자납부나 원금상환도 항상 조기상환으로 신용조회 결과 우수사업자로 인정받는다. 인건비도 바로 일당 지급으로 서로 오고 싶어 하는 업소로 소문나 있다. 광고비 쓸 여력도 없고 할 줄도 몰라 홍보 안 해도 손님들이 스스로 저희가 맛집 광고에 홍보해 줘서 화성시 맛집에도 소문나 있어 멀리 수원에서도 찾아오는 기현상도 나타난다.

사람이 사는 동안 별의별 상황을 접한다. 부부간에도 지켜야 정도를 잊지 말아야 한다. 부부는 긴 세월을 무엇으로 사는가? 3주는 서로 연구하고 3개월은 사랑하고 3년은 싸움하고 30년은 참고 견딘다. 서양 부부의 애정곡선은 U 자를 그린다. 신혼 때는 높았다가, 중년에 떨어지고 노년에 다시 솟는다. 우리네 부부들은 N 자형이 많다고 한다. 줄곧 내리막 끝에 바닥을 치고는 그저 부부 사이만 이어 간다.

결혼을 지탱하는 힘이 30대 부부는 마주 보고 자고 40대 부부는 천장을 보고 잔다. 50대 부부는 등을 돌리고 자고 60대 부부는 각방을 쓴다. 그리고 70대 부부는 서로 어디서 자는지도 모른다. 한낱 우스갯소리리라. 평범 속에 비범이 있나니 볼 줄 아는 것이 힘이고 능력이다. 말을 물가까지 데리고 갈 수는 있어도 머금는 것은 스스로 해야 하듯이 학교를 대학까지 보내도 잘되고 안됨은 역시 능력 아니던가. 우리가 곱씹어보아야 할 대목이다.

조선조 商村(상촌) 申欽(신흠, 1566~1628) 조선시대 四大 文章家(4대 문장가)의 한시를 소개한다. 桐千年老(동천년노) 恒藏曲(항장곡) 오동나무는 천 년이 되어도 항상 곡조를 간직하고 있고 梅一生寒(매일생한) 不賣香(불매향)이라 매화는 일생 춥게 살아도 향기를 팔지 않는다. 月到千虧(월도천휴)달은 천 번을 이지러져도 餘本質(여본질)이라 그 본질은 남아 있다. 柳經百別(유경백별) 버드나무는 백 번 꺾여도 又新枝(우신지)라 새 가지가 또 올라온다.

백범이 좋아했던 내용이 바로 상촌이 지은 나머지 두 구절이다. 그의 절개가 나타난다. 사람은 옛 성현들의 삶을 찾아보고 그 속에서 배움을 얻고 생활의 신조도 삼고자 한다. 그래서 많은 위인전을 읽기도 한다. 많이 읽으면 머리에 모두 남지는 않아도 안 읽은 사람보다는 많이 쌓일 수밖에 없다. 그래서 많이 읽은 사람의 모습에서는 보이지 않은 인격이 있다고들 한다. 인격의 냄새가 난다. 얼굴은 온화하게 보이고 항상 미소로 나타난다. 성품은 과묵하고 직선형이다. 언어는 낮고 느리며 걸음에도 철학이 있다. 걷는다는 의미의 보자(步字)를 뜯어 보면 그 칠지에다가 젊을 소의 의미가 있다. 그치면 젊어진다는 뜻 아닌가.

걷는다는 것은 곧 그친다는 것이요 젊어진다는 것이다. 누우면 죽음이요 살고 싶으면 걸어라, 라는 말처럼 사람은

仁者樂山(인자요산, 어진 사람은 산을 즐긴다)이라는 숙어까지 있지 않은가. 매사에 아는 것보다는 좋아하는 게 낫고 좋아하는 것보다는 즐기는 게 낫다고 공자가 말했다. 프랑수아 미테랑(1916~1996) 前(전) 프랑스 대통령이 문화 대통령이 되는 데 정도(正道)로 삼았다. 매사 일을 하는데 방법의 하나로 삼아야 할 방법이기도 하다.

꽃은 시들지 않고는 열매가 맺히지 않고 소금은 볶지 않으면 짠맛이 나지 않는다. 이름을 구하는 자는 알찬 행실이 없고 늘 편안한 자는 재목을 이루지 못한다. 남에게 끝없이 요구하는 자는 이미 남에게 줄 수 없는 자이고 남이 끊임없이 떠받들어 주기를 바라는 자는 이미 남을 섬길 수 없는 자이다. 그 사람을 알려면 그 사람 주위의 친구를 먼저 보라고 했다. 공자가 말했다. 益者三友(익자삼우)라고. 유익한 친구로는 세 가지가 있다는 뜻이다. 그 첫 번째가 정직함이요. 즉, 믿음이 없으면 만사불요라, 그 둘째가 성실함이다. 위선이나 계교로는 오래가지 못한다. 그 셋째가 지식이 있고 현명한 사람이라 하였다.

세상을 살면서 잘되고 성장하는 이는 주위의 도움을 받아

이루어지는 경우가 많다. 이는 익자삼우의 현상이 아닌가? 물론 스스로 잘되는 경우가 왜 없겠는가? 공개경쟁시험 합격, 고등고시 사법시험 합격이야 당연히 당사자 능력이고 스스로 실력에서 의함이지만, 극히 선택된 사람이다. 그 이외에는 일반 생활 중에 변화의 중심에는 지인(知人)에 도움이 의하였음을 알게 된다. 그것이 인복이요 끝내 갚지 못한 은혜이다. 다만 계획하지 않은 우연한 인연이다. 재난은 평상시에 준비하고 훈련은 실전처럼 하라고 하지 않던가.

내가 살면서 수많은 꿈의 예몽이 어쩌면 그렇게 실제에 적용되었는지는 지금도 나도 의아하다. 꿈은 누구나 꾸고 살지만, 출판으로 내기까지는 많은 생각을 했다. 쓸데없이 노력 들이고 경제적 부담을 들여 무엇을 바라고 출판을 하는가. 무언가 비뚤어진 바람을 기대하거나 남다른 유명세를 바라는 것은 아닌가 하는 자책도 많이 하였다. 일상생활 중에 예몽도 아니고 정치에 전혀 관심도 없는 그저 가정주부가 그것도 선거가 임박해서 선거 전제로 가능한 전제를 쉽게 볼 수 있을 때가 아니고 그것도 선거가 아직 먼 1년여 전에 그것도 일반이 아닌 대통령 당선 꿈을 한 분도 아니고 다섯 분을 차례로(김영삼, 김대중, 노무현, 이명박, 박근혜) 꾸었다는 것에 스스로 놀라지 않을 수 없다.

결과가 아직도 1년이나 남은 윤석열에 대한 꿈까지 꾸고 나서는 나는 결심했다. 인필자모(人必自侮) 사람은 자기 자신을 업신여기면 연후인모지(然後人侮之) (남으로부터 모욕을 받게 된다)라는 옛말도 있지 않은가. 감히 대통령 당선 예몽을 서슴없이 발표함은 미지의 불확실한 현실에서 조금이라도 일찍 알려 주려는 내 꿈의 적중의 의중을 공유하려는 순수한 의지에서다.

이 발표는 누구와 의견교환이나 물음의 회답에서가 아닌 나 개인의 독단 결정이었음이다. 다만 남다른 예몽에 나 자신은 확신을 갖고 자신 있게 말함은 지나간 다섯 분의 대통령 꿈에서 경험했듯이 앞으로 있을 윤석열 대통령이 될 것임을 감히 자신 있게 발표하는 것이다. 작년은 경자년(庚子年)이었다. 경(庚)은 十干(십간)을 셀 때 일곱 번째의 자리다. 옥편에는 일곱째 천간이라고 돼 있고 길(道也) 나이(同庚)별 이름(星名)이라고 풀이돼 있다. 이 庚子(경자)가 붙은 해에는 범상치 않은 환란을 겪었다. 1910年 庚戌(경술)

년에는 국치의 해(國恥)로 나라를 빼앗기는 수치의 해였고 1950년 경인년에는 6.25전쟁(戰爭)을 겪었고 1960년 庚子(경자)년에는 4.19혁명(革命)을 겪었고 1980년 경신(庚申)년에는 광주민주화운동이 있었고 2020년 庚子(경자)년에는 무한 코로나19 확산으로 전 세계가 신음 중이다. 이 어찌 무심코 보아 넘길 일인가. 10년마다 다가오는 경자(庚子) 붙은 2030년을 대비해야 할 일이다. 모르고 닥치기보다는 알고 미리 대비함은 생활의 지혜 아닌가.

역사를 잊은 민족에게 미래는 없다는 격언은 영국 총리를 지낸 처칠이 한 말이다. 현재가 과거를 심문하면 미래를 잃어버린다. 심문하기보다는 잊지는 않되 미래를 가는 데 참고하여 승화시키는 데 거울로 볼 것이다. 인류 역사상 가장 비참하게 몰락한 인종은 아메리카의 광활하고 아름다운 땅을 빼앗긴 채 쇠락한 인디언일 것이다. 미국 땅을 차지하기 위해 전쟁을 벌였을 때 프랑스 편을 든 것이다. 프랑스는 패배하였고 영국의 보복을 당하였고 미국의 독립전쟁 시 영국 편을 들었고 영국은 패배하였고 미국의 보복을 당하였다. 이렇게 인디언은 몰락의 길을 걸었다. 개인이나 인종이나 지나간 역사를 볼 줄 모르고 가르침을 찾지 못하고 잘 못 결정하였을 때 닥치는 환란은 커다란 화를 부른다.

우리가 일상생활에서 고마운 중에 고마움을 느끼지 못하는 바가 있다. 그가 바로 태양과 나무(숲)이다. 목숨(생명)이 있는 모든 사물은 한시도 태양과 숲을 멀리하고서는 생존할 수 없다. 숲은 태양에 의해 탄소 동화작용을 하고 탄소 동화작용으로 인간이 내뿜은 탄산가스를 흡입하고 인간은 숲이 내뿜은 산소를 흡입함은 상관관계에서 상호부조이다. 이를 어찌 누가 모를까마다는 그 가치의 고귀함을 가볍게 볼 수 없다. 이렇게 없어서는 한시도 생존할 수 없는 관계를 잊지 말아야 할 대목이다.

김영삼 대통령이 당선되기 약 1년여 전 12월경 꿈을 꿨는데 하늘에서 5대의 비행기가 오색 무지개를 뿌리며 지나가는데 김영삼이라고 씌어 있더라. 주위에 사람들에게 꿈 이야기를 말하니까 다음 대통령은 김영삼이 되겠구나, 하며 흥분했다. 더구나 내 꿈이 유난히 잘 맞는다는 전례에 비추어 내가 사는 경기 오산 시내 거주하는 경상도 사람들이 김영삼 상도동 자택을 방문하여 꿈 이야기를 전해 주고 맘 편히 선동운동 할 수 있게 같이 가자고 했는데 사양했다. 그 꿈을 꿀 무렵 사회상은 3김(김대중, 김영삼, 김종필)씨가 피를 튀기는 선거전이 한창일 때다. 나 자신도 처음 접해 보는 대통령 당선을 알려 주는 예몽이었으니 의심이 가는 것도 사실이었다. 후일 실제로 김영삼은 대통령에 당선되었다. 나 혼자만이 속으로 빙긋이 웃고 말았다. 내가 누구길래 하물며 대통령 당선 예몽까지 꾸는 것일까. 그야말로 천기누설이라고 할 수 있는 대통령 당선 예몽(豫夢)이다. 피가 섞인 혈연관계도 아니고 정치에 관심 있는 것도 아닌 한낱 평범한 가정주부에게 이 무슨 천기누설인가. 그가 재임 중 남긴 업적의 잘잘못은 논하지 않으련다. 그럴 만한 능력도 없을뿐더러 내 권한 밖에 일이다.

다만 1993년 14대(代) 대통령으로서 32년 만에 군사정권에 마침표를 찍은 金寧金氏(김녕김씨)가 본관으로서 호는 거산(巨山) 문민대통령 당선 꿈을 당선 1년 연전에 꾸었음에 자부심을 갖는다.

중국 서경(中國 書經)에 민심지욕(民心之欲) 천필종지(天必從支)라고 했다. 백성이 원하는 곳으로 하늘이 따랐다는 뜻이다. 민심과 바다의 비유는 제왕학(帝王 學)의 으뜸이라는 정관정요에서 위징이 당태종에게 올린 간언에 나온다. 1993년 김영삼 당선자가 대통령 취임을 앞두고 읽었다 해서 인기도서로 뜬 적도 있다. 김영삼 대통령 시절에 이회창 씨를 국무총리에 기용하여 국정을 다스리게 했다. 이회창 씨는 대쪽 같은 이미지로 시키는 대로 말 잘 듣는 총리가 아니고 총리의 권한과 책임을 다하고자 의견이 충돌한 적이 있었단다. 이후 이회창 씨는 당에 입당하여 당 총재에 취임하였고 급기야 대통령 후보에 입후보하게 되었다.

그때는 이회창이 후보로 나섰던 신한국당의 세력은 막강하여 당선이 예건 되는 때였는데, 감히 누가 대적할 수 없을 정도로 세상 민심이 변해 가고 있었다. 국회 의원수와 지방자치 수장의 대부분이 신한국당 소속이었으니 치우치는 민심의 의심이 없을 때였다. 그 무렵 김영삼 측에서 세상이 예상치 못할 깜짝 놀랄 만한 젊은 영재를 대통령 후보도 내보내어 국민에게 희망을 드리겠다며 이인제를 내세워 신한국당의 표를 분산시킴으로써 김대중 씨를 당선시킨 아직 공개되지 않은 일화도 있었다. 인간의 관계는 이처럼

'참을 인(忍)' 자의 함축하는 바가 크다. 만약 이회창 씨가 직선적인 충돌이 아니었더라면 선거 결과가 어떻게 되었을까. 세상은 많은 변화가 있었지 않았을까.

이 글을 쓰는 시기는 4월 2일, 그야말로 賞春野興(상춘야흥) 야외에서 봄 경치를 즐긴다는 뜻의 시절임에도 코로나 19의 여파로 여의치 않음에 모두가 속상해한다. 唐(당)나라 시인 劉希夷(류희이)의 대비백두옹(代悲白頭翁)은 꽃들을 보며 청춘도 덧없이 가고 마는 슬픔을 노래했다. 낙양성 동쪽 복숭아꽃 자두꽃은 날아오고 날아가고 누구 집에 떨어지나 年年歲歲花相似(년년세세화상사) 해마다 피는 꽃은 비슷하지만 歲歲年年人不同(세세년년인부동) 해마다 사람 얼굴은 같지 않네. 봄을 노래한 구절이다. 무엇보다 32년 동안 체육관에서 대통령을 뽑는 것이 아니고 국민 손으로 직접 뽑는 민주자유 선거에서 태어난 문민정부라는 점에서 봄을 노래한 시대의 극찬과도 연관이었다. 둘째 아들의 일탈 행위로 구속되는 낯 뜨거운 일이야 어찌 잊을까마는 일본처럼 앞서가는 나라도 시행하지 못한 금융실명제나, 토지실명제 시행은 정말 김영삼 아니고서는 그 어느 대통령이었어도 실시하지 못할 거룩한 정책실시며 이 나라의 몇십 년 앞을 앞당겨 놓은 부정부패 척결이었고 신한국을 탄생시킨 커다란 발자취였다.

물론 외환 위기의 생전 처음 겪는 국민고통도 있었지만 차기 대통령의 탁월한 지도력과 노력으로 생각보다 조기 졸업함으로써 정상을 되찾은 경험도 있었다. 김대중 씨는 대통령선거에서 김영삼에게 패하고 정계 은퇴를 선언하고 미국으로 건너간 후 어느 날 꿈을 꾸었다. 보름달이 떴는데 미국 대통령들만 보여 왜 달은 전 세계의 달인데 한국대통령은 없느냐고 의문을 할 때 김영삼 대통령과 함께 김대중이 보이더라. 그런데 하늘에서 별이 쏟아지는데 떨어진 별이 금반지로 변하더라. 넓고 헐렁한 바지(몸뻬)를 입은 아낙네들이 그 금반지를 주워 가는 형상을 보았고 나도 역시 그 금반지를 주웠다. 그 후 화성시 오산읍에 한일 정육점 사장이 마침 호남 향우회 회장(선 순조 회장)이었다.

그 가게 가서 아주머니에게 어제 꿈 이야기를 하는 중 TV에서 김대중이 정치복귀 선언을 하고 미국에서 귀국한다는 방송이 흘러나왔다. 그 아주머니가 하는 말이 당신이 그 유명한 꿈을 꿔 줬으니 입당원서에 제일 먼저 가입해 달라는 부탁이 있어 실제로 가입해 준 사실이 있다. 이후 실제로 김대중 대통령은 당선되었고 IMF 사태를 해결하기 위해 금모으기 운동을 펼쳐 일반 국민들의 전폭적인 지지 속에 어린 자식들 돌반지 등을 쾌척하여 IMF 사태 해결에 크게 일조하였다. 돈 있는 사람들의 금괴는 나오지 않았고 없는 서민들의 돌반지가 주를 이루었음은 국민적인 단합의 징표였으며 살인적인 고금리 굴레에서 벗어난 세계적 모범사례였으리라.

이렇듯 전혀 아무 연관관계도 없는 대통령 당선을 예몽(豫夢)함은 무슨 이유인가 어쩌면 그렇게 명확하게도 맞아 나 자신도 놀라지 않을 수가 없었다. 주위에 사람들로부터 칭송이 자자했고 정치적인 어려움이 닥칠 때마다 좋은 꿈 꾼 것 없느냐며 물음과 의견을 물어오곤 했다. 그런데 꿈을 꾸고 싶어 꾼단 말인가. 그저 웃고 넘길 뿐이다. 다만 커다란 중요한 꿈을 겪은 후에는 꼭 가고 싶은 사찰을 찾아 마음을 가다듬고 서약하곤 한다. 목욕재계하고 정성을 다한 마음의 헌금을 부처님께 올리고 이러한 신비한 예몽을 오래오래 누릴 수 있기를 기도 올리고 이 세상을 밝게 인도하고 이바지할 수 있기를 기원한다.

김대중 정부에서 다른 정권에서 볼 수 있는 평범한 가운데 비범이 있었다. 그렇게 목숨이 경각에 달렸을 만큼 위태로운 해상 납치사건을 겪었음에도 보복정치를 하지 않았음은 길이길이 우리가 되새겨볼 비범의 행동이었다. 바닷물이 썩지 않는 이유가 貳(이)%의 염기와 조수간만의 차로 한시도 쉬지 않고 움직임 때문인 것을 우리가 알듯이 보복은 또 다른 보복을 낳게 될 것이고 나로부터의 관용은 이해와 정책협조로 바뀔 수 있다는 어려운 길을 선택했기 때문이다.

이 어려운 결정의 뒤편에 이희호 여사의 적극적인 조언과 관여가 있음은 역대 국모(國母) 중에 으뜸이었으리라. 이 비범한 행동은 국가 발전의 지체됨을 완화했고 새로운 발전의 화합 장으로 승화되었으리라 생각된다. 바닷물이 썩지 않는 그 貳(이)%의 염기역할 이상을 한 그 비범의 행동들이 이 나라의 중단 없는 발전이 있었던 것은 아닌가?

내가 사는 경기도 오산시에는 복개천이 있다. 어느 날 꿈을 꾸었는데 그 복개천에 많은 사람이 보였다. 그 많은 사람들 가운데 평소 알지도 못한 이회창 부인과 노무현 부인이 함께 보이는데 노무현 부인이 10m 정도 앞서 보이더라. 꿈에 이회창 부인에게 어떤 모로 보아 영부인 감인데 안타깝게도 이번 선거에서 지겠다고 말하고 노무현 부인에게는 많지는 않지만 작은 표 차이로 이기겠다, 이 좁은 오산에서 있지 말고 크고 넓은 서울로 빨리 가라, 열심히 하라고 말해 주었다. 누구나 당시의 민심으로서는 노무현이 이회창에게 상대하는 것이 달걀로 바위 치기라고 할 정도였다. 전국적 지방선거에서 80% 이상이 이회창 편이고 국회의원 다수가 이회창 편인데 노무현의 싸움은 해 보나 마나 이회창이 이긴다고 할 때 기상천외한 꿈을 꾸었다.

당선되기 1년여 전인데 이 꿈은 실제로 현실로 나타났다. 또 오산에서 가장 많은 %의 표 차이가 나왔다는 것도 놀랄 만한 일이었다. 내가 태어난 곳도 노무현 고향과 근거리였고 자랄 때도 자주 만났던 사이였기에 그 꿈 이야기를 전해 주고 싶었지만 비웃음만 살 것 같아 접었다. 노무현이 공부했다던 그 작은 사찰도 잘 안다. 평소 그 사찰이 이후 큰 인물이 날 것이라는 어느 스님의 말씀이 있었다 하여 꽤 유명해진 절이었고 많은 젊은이가 꿈을 키워 온 곳이고 실제로 여러 명의 인물들을 배출한 곳이기도 하다. 어쨌든 혼자서 꿈과 현실을 되짚어 보며 신비함을 느끼며 산다. 꿈을 꾼 본인인 나는 대수롭지 않은데 주위 사람들의 성화는 대단하다. 이 신비함을 세상에 표출시키자. 아니 상품화시키자며 앞장서라는 주위 사람들의 주장에 그럴 생각이 전혀 없다고 사양하였다. 꿈은 그저 꿈이었을 뿐이다 하고 모든 비용이 필요하다면 저희가 다 낼 테니 앞장만 서라는 그들 권유를 적극 뿌리쳤다.

내 외사촌 형제들과는 노무현이 수시로 국회의원 출마 권유 외국영사관 권유 등 가지각색 접촉도 있었던 것으로 안다. 외사촌들도 남의 신세 지는 것을 달가워하지 않아 사양했던 것으로 안다. 분에 넘치는 영화나 지나친 변화의 풍요는 반드시 대가를 치러야 한다는 평소의 뜻대로 욕심을 버리고 요행을 바라지 않는다. 이것이 내 삶의 지표다. 사람이 사는 동안 각종 기념일을 맞게 된다. 잊지 말고 기려서 뜻깊게 지켜 생활에 지표로 잡고 행복한 생활에 보탬이 되기 위함이다.

매월 14일은 특별한 날이다. 1.14는 일기장날, 2.14는 여성이 남성에게 애정을 표현하는 밸런타이날, 3.14는 남성이 여성에게 사랑을 고백하는 라이프날, 4.14는 여태까지 주지도 받지도 못한 친구들끼리 검은색 짜장면을 먹으며 암담한 절망감을 달랜다 해서 블랙날이다. 세태가 변해서 블랙날에 검은 옷을 입어 무소속임을 자랑스러워하고 블랙커피 잔을 부딪치며 자유를 위한 축배를 하는 젊은이들도 있다. 5.14는 장미날 또는 옐로날이라 하여 노란 옷을 입고 장미 다발을 주고받는다. 싱글들은 노란 카레를 먹는 풍습도 있다. 6.14는 키스날, 애정표현으로 즐김을 남긴다. 7.14는 실버날, 약속을 상징하는 실반지에 이름을 새겨 넣은 것을 상호 주고받는다. 8.14는 그린날, 9.14는 사진을 찍고 노래방에 가는 경향이 있는 뮤직날, 10.14 와인날, 포도주나 산딸기 오미차 등 핑크빛 술을 마시는 사례가 있다. 11.14 무비날, 12.14는 허그날 또는 양말날이라 하여 양말을 선물하기도 했다. 이렇듯 모든 기념일에는 반듯이 상대성 인물이 존재했다는 것이다. 나 혼자만의 독자적인 행동이 아니고 상대성인 이성이 결부됐음은 인간의 암수의 결합이 있어야 발전한다는 것을 알 수 있다.

인간만이 아니라 모든 우주 만물의 자웅의 섭리로 종(種)이 번식하고 증식되는 것이 모든 생(生)의 근원이다. 이 글을 쓰는 동안 TV에서 박미선이 MC로 나오는 아프리카의 '우간다'라는 나라의 영상이 나온다. 8살짜리 이콜로에라는 여자아이가 먹고살기 위해 두 동생을 굶기지 않게 하려고 8km를 걸어서 사금 장 채취장에 가서 운이 좋아야 사금을 채취할 수 있어 굶지 않지만, 사금을 채취하지 못하는 날엔 어린 3남매가 굶는다는 영상이 마음을 아프게 한다. 빈자소인(貧者小人)이라고 하지 않던가. 이 세상은 어찌 이렇게 불공평하던가. 너무 과식해서 비만으로 고생하는 이가 있는가 하면 과체중으로 체중을 줄이기 위해 돈 들여 약 처방받아 병원 드나드는 이 모순된 현실을 어떻게 바라보아야 할까.

지금 이 사회에서도 화두로 작용하고 있는 불공정의 채찍은 정권심판의 선거결과로 잘 나타나고 있다. 로이터 통신이 내로남불(나의 로맨스, 너의 불륜)이라는 표현으로 세계적 조롱거리가 된 바 있다.

장강은 뒤 물결이 앞 물결을 친다고 했다. 세상은 늘 변화할 타이밍을 놓쳐 고단하고 산하는 순환의 질서를 따르기에 언제나 장수한다. 신진대사(新陳代謝)에 순응함이어야 한다는 진리다. 로마에서는 음주(飮酒)의 목적을 4단계로 나눴다. 첫째 잔은 갈증을 풀기 위함이고 둘째 잔은 영양분을 받기 위함이고 셋째 잔은 유쾌해지기 위함이다. 넷째 잔은 발광하기 위해서 마신단다. 석 잔 이상은 마시지 말라는 얘기다.

대한민국은 소주 기준 1인당 연간 15병을 마신다. 술 마시는 성인이 600만 명을 넘나든다. 오죽하면 술잔에 어느 정도 술이 차면 밑으로 술이 새어 과음을 방지했다는 계영배(戒盈杯)가 있지 않던가. 넘치는 술잔을 경계한다 하여 계영배란다. 적당한 위치까지 술잔이 차면 술이 잔 밑으로 새어 나와서 술이 더는 채워지지 않도록 제작되었다는 뜻에서 계영배의 참뜻을 새겨들을 일이다.

영국 속담에 주신(酒神) 바쿠스는 군신(軍神) 마르스보다 많은 사람을 죽인다. 전쟁에서 죽은 사람보다 술로 인해 죽은 사람이 더 많다는 얘기다. 음주 때문인 사회 경제적 피해가 연간 100조 원에 육박하는 우리나라가 여기에 해당한다. 내가 30代(대)에 남들은 부동산을 같이 하자고 했지만 나는 실업자를 한 사람이라도 없애겠다고 평소 마음을 갖고 자그마한 하청도급공장을 했다. 지금도 직원을 두고 작은 식당이라도 경영하면서 편히 살기보다는 더불어 이익을 창출하여 나누며 살려는 그런 생각으로 작은 사업이라도 하고 있다.

거부할 수 없는 가까운 연척의 지인이 땅이 하나 나온 것이 있는데 모든 조건이 좋아 미래성이 좋으니 같이 반씩 사자고 제의가 왔는데 생각해 보니 가진 돈이 많이 모자랐다. 계약을 위해 남편을 보냈는데 모자라는 돈 걱정에 계약을 못 하고 그냥 돌아왔다. 그날 밤 꿈을 꾸었는데 누군가 하얀 봉투를 나에게 주는데 빨간 도장이 찍힌 봉투였다. 꿈이 하도 범상해서 남편을 다시 보내 계약을 하였고 근 3년여 만에 10배에 값이 올라 처분하여 생전 처음 내 집을 갖게 되었다. 꿈의 효과를 단단히 본 셈이다. 지금도 그 빨간 도장의 의미를 알 수 없다.

마음속으로 진실로 바라고 빌면 그대로 닮아 간다는 속설도 있긴 하다. 오래도록 비가 오지 않으면 하늘에 기우제

(祈雨祭)를 지낸 적이 있단다. 그런데 기우제를 지내기만 하면 반드시 비가 온다 하여 그 유명세를 탔던 것이 인디언 기우제다. 그 인디언 기우제가 어떠한 비법이나 신통함이 있었던 게 아니고 비가 올 때까지 계속하여 기우제를 지낸다는 것이다. 얼마나 어리석은 기우제였나. 유명해질 이유가 어디에 있었나. 다만 믿고 싶은 위안의 행동이었을 것이다. 이렇게라도 나약한 인간의 미약함을 천신께(天神) 의지하며 위안을 받고 싶은 마음에서다.

나는 어느 날 엄마와 함께 사찰을 방문하였다. 그 사찰 골짜기에 옛날에는 산가재가 있었다. 엄마가 가재를 잡다가 골짜기에서 굴렀다. 많이 다치시지는 않았는데 등이 굽어져서 펴지지를 않았다. 남이 보기에도 등이 굽어 보여 보기가 거북하였다. 엄마는 그 후 대인기피증이 생겨 밖을 나가지 않고 주로 집에만 계셨다. 그러던 중 어느 날 저녁에 꿈을 꾸었는데 그 산 가재를 잡던 그 골짜기에 반짝반짝 빨간빛이 나는 보석이 보여 그 보석을 하나 주워서 집으로 가지고 왔다. 나 말고 다른 어느 아주머니도 하나를 가져갔다. 꿈을 깨고 난 후 엄마에게 꿈 이야기를 하였다. 그 보석이 무엇을 의미하는 것일까 의문을 하던 중 엄마가 하시는 말씀대로 네 꿈이 상당히 범상치 않으니 내 잔등이를 꾹꾹 눌러 보렴 하시며 방바닥에 엎드리셨다. 엄마 말씀에 내 두 손바닥으로 엄마 잔등이를 꾹꾹 눌러 드렸다. 엄마는 잔등이가 펴지는 것 같은 기분이 든다면서 일어나 방 벽에 대고 등을 붙여 보니 등이 벽에 착 붙는 것이 아닌가? 엄마는 즐거워하셨고 대인기피증도 없어져 평상생활로 전과 다름없이 하셨다. 이후 그 사찰을 찾아 고마움을 표했고 스님에게도 말씀드렸더니 우리 절의 보배의 신비한 손을 가진 신도가 되셨다고 우리 절의 영구 거처를 권유하면서 수많은 중생을 위하여 봉사하라고 요청하였다. 그러나 나는 애들이 둘이나 있고 남편도 있어 고정 거처할 수 없다고 사양하고 온 적이 있다.

이후 동네 남자친구(정진부라는 사람) 한 사람이 내가 운영하는 식당에를 와서 어제저녁에 가슴에 통증이 오고 쪼여서 죽기 직전 119에 의해 병원에 실려 갔다가 응급조치를 한 후 퇴원하였다고 하면서 사흘 후 재검하기 위해 다시 가야 한다고 하더라. 나는 우리 엄마 잔등이 원인 모를 굽음이 생겨서 외출을 삼가며 대인기피증을 겪은 후 빨간 보석 꿈 이야기를 해 주며 그 손으로 엄마 등을 펴 준 신비의 손이니 누가 아느냐. 내 손으로 한번 만져 주자 하며 그 남자 가슴을 쓰다듬어 주었다. 정진부라는 이는 이상하게 가슴이 시원하고 깨끗한 공기가 가슴속 깊이 스며드는 느낌을 느꼈다고 하더라. 이후 병원 재검에서 이상하리만큼 깨끗하게 완쾌되었다는 판정을 받았다며 많은 고마움을 받았다.

이후 이 소문을 듣고 또 다른 남자친구인 동탄면에서 사는 소 장수를 하는 구정호라는 사람이 찾아와서 이 집에 찾아오는 것도 오늘이 마지막이 될지도 모르겠다 하였다. 병원진찰 결과 머리에 종양이 있어 많은 통증이 있었고 오래 살지 못한다는 진찰 결과가 있었다고 마지막으로 보고 싶은 사람들이나 보고 죽을 양으로 왔다고 하여 우리 어머니와 정진부 씨를 고쳐 준 예를 말하고 누가 아느냐, 내 손으로 한번 만져나 보자며 그 남자의 머리를 두루 만져 주었다. 이튿날 그 남자는 마지막으로 아버님 산소에 찾아가 아버님 나를 데려가시려거든 고통 없이 데려가 주세요, 기도한 후 수술 예정 날짜에 맞추어 입원한 후 재검을 했는데 주치의가 깜짝 놀라더란다. 증상이 깨끗하게 없어졌다는 말과 함께 퇴원을 명하여 그 길로 여기로 왔노라며 나를 생의 은인이라며 고마워하더라. 이후 나는 내 주위에 사람들에게 이러한 사실을 알리지 말도록 당부함과 동시에 그곳에서 벗어나 이사할 일이 생겨서 다른 곳으로 이사한 후 다시는 그러한 일을 하지 않았다. 나 자신이 생각해도 내가 나를 믿을 수 없는 사실에 제3자에게 행위를 함에 조심스러웠기에 절대 남에게 발성하지 않았다. 지금도 내 가족 중에 의아스러운 가운데에서도 필요하다고 생각될 때에는 간절한 기도와 함께 행위를 하면 효과를 보곤 한다. 신비한 현상에 스스로 놀라곤 한다. 욕심을 버리고 내게 주어진 내 몫만큼만 갖자는 뜻에서 주위를 단속했던 것이다.

어느 농부가 평생토록 주인집에서 머슴살이했는데 어느 날 주인이 독립시켜 주기로 하고 그를 불러 말했다. 내일 해가 뜨는 순간부터 해가 질 때까지 네가 밟고 돌아오는 땅은 모두 너에게 주겠다고! 평생을 머슴으로 살아온 그는 새벽을 기다리느라 한숨도 자지 못했다. 날이 밝자마자 달리기 시작했다. 잠시도 쉬지 않고 뛰고 또 뛰었다. 한 떼기 땅이라도 더 차지하기 위해 끼니도 걸러 가며 미친 듯이 뛰어다녔다. 가슴에 맺힌 한을 풀기 위해 그 보상을 받겠노라고 뛰고 또 뛰었다. 뛰는 만큼 모두 자기 것이 되리라 생각했다. 그러다가 해가 뉘엿뉘엿 넘어갈 무렵 주인집 대문으로 뛰어들었다. 그는 기진맥진하였고 끝내 쓰러졌다. 그리고 의식을 되찾지 못한 채 심장마비로 죽고 말았다.

그가 마지막까지 얻어낸 땅은 고작 3평이었다. 자신이 묻히게 된 무덤의 땅 한 쪼가리가 평생 머슴살이를 하여 뛰고 또 뛰어 자기 것으로 만든 이 세상 땅의 전부였다. 큰 욕심을 버리고 적당한 곳에서 되돌아왔다면 건강한 육신으로 행복하게 오래오래 살지 않았을까. 자기 몫이 있게 마련이다. 특히 인간은 누구나 기회가 왔을 때 분수를 지켜야 한다. 욕심을 버리라는 것이다. 어느 바보가 불행이 왔을 때 더 큰 불행을 갖겠노라고 하겠는가. 반드시 좋은 일 횡재의 기회가 왔을 때 더 많은 몫을 탐하려다가 불행으로 이어지곤 한다. 생각지도 못했던 횡재수가 왔을 때 특히 자중하고 욕심을 내려놓은 내 몫만큼만을 지키는 지혜를 잊지 말아야겠다. 나에게 찾아온 신비의 효험의 기회를 상업화하지 않고 금전을 쫓지 않은 것은 나의 몫을 상회하지 말아야겠다는 신념의 발로였다.

주위에 사람들은 나에게 장소 제공은 물론이고 관리하는 것이며 홍보 등 모든 것을 저희가 다 맡겠으니 함께 그 신비의 신통함을 상품화하자는 제안이 있었지만, 나 자신도 확신하지 못하는 사실을 어찌 상품화할 것인가 아예 말도 못 붙이게 거절하곤 했다. 그럴 적마다 사찰에 들어가 마음을 수양하고 갈고 닦는 기회로 삼곤 했다. 아무튼, 사람은 마음먹기에 달렸다. 그 신비의 조건을 상품화하지 않고 평범한 내 몫만큼만 살자고 한 지금도 큰 어려움 없이 부족함 없이 절박한 바람 없이 평화롭게 잘 살고 있다. 더구나 어디 아픈 곳 없이 중병 겪지 않고 건강하게 생업에 종사하고 있는 지금이 행복 중에 행복 아닌가. 행복은 스스로 찾고 낮추어 생각하고 긍정적으로 생각할 때 얼굴에 영상으로 남게 된다. 얼굴에 잔주름도 또래 타인보다 적음은 그런 것을 상징한다.

한국 사람, 영국 사람, 미국 사람, 일본 사람, 네 사람이 어느 지인에 문상을 갔단다. 네 사람은 서로 절친했지만 서로 경쟁 관계에 있는 사이였다. 제일 먼저 한국 사람이 문상했다. 한국 사람은 하관 중인 관을 붙잡고 슬피 울었다. 평소 겪었던 순간순간의 고초들을 되뇌며 슬피 우는 바람에 같이 조문 간 세 사람의 타국 친구들까지 함께 울었다. 한국 사람의 마음은 진정으로 깊은 조문을 했지만 아무 조위금 없이 마음만 표했던 것이다. 외국인 세 사람 친구는 속으로 비웃었다.

두 번째는 영국 사람이 조문했다. 그는 정중한 조위 끝에 현찰 100만 원을 만인이 보는 앞에서 꼬박꼬박 세어서 조위함에 넣었다. 보통의 조위금보다는 의외의 큰 금액이었기 때문이다. 다음은 미국 사람의 차례다. 미국 사람은 아무 거침없이 자기앞수표 200만 원을 끊어서 조위함에 넣었다. 세 사람의 친구들은 상당히 놀라워했다. 또 부러워했다 역시 미국은 잘사는 나라구나 했다. 사람보다는 나라를 더 부러워했다.

다음은 일본 사람이다. 일본 사람은 영국 사람과 미국 사람이 내었던 조위금을 합한 금액에 자기 몫을 합한 금액인 600만 원의 어음을 끊어서 조위금함에 넣고 아무 일도 없었다는 듯이 문상석에서 내려올 적에 영국 사람이 낸 조위금과 미국 사람이 낸 자기앞수표 등은 모두 주머니에 넣고 태연하게 문상을 마쳤다. 물론 일본 사람은 돌아가서 그 조위함에 넣었던 어음을 부도처리하였다.

평가하자면 한국 사람은 정에 약한 감수성이 강한 정감 있는 국민이고 영국과 미국 사람은 역시 신사다. 정직하고 우직한 민족성이 강하다. 일본 사람은 허세가 강한 남을 제압하기를 좋아하면서 철저한 실리를 찾는 민족임을 알 수 있었다. 그 민족성 때문에 지금의 일본이 부국강병의 나라가 된 것이 아닌가. 새겨들을 얘기다.

영국 사람, 미국 사람, 한국 사람, 일본 사람 네 나라 사람 친구들이 어느 겨울날 밤 창문이 모두 찢어져 나간 허름한 객주방에서 함께 하룻밤을 지내야 할 처지가 되었다. 각자 한 가지씩 소품을 준비해서 창문을 바르고 자자고 했고 떠날 적에는 원상복구를 하자고 약속했다. 영국 사람은 창틀에 바를 창호지를 준비했다. 세 사람은 모두 긍정적으로 생각했다. 다음은 미국 사람 차례다. 미국 사람은 창호지에 바를 풀을 준비했다. 모두 고개를 끄덕였다. 한국 사람은 영국 사람이 가져온 종이에다 막을 방(防) 자를 직접 써 의사를 표시했다. 일본 사람은 준비할 것이 없어 고심한 끝에 붙였던 종이를 떼어서 주머니에 넣었다고 원상복구의 책임을 다하면서 영국 사람의 종이, 미국 사람의 풀, 한국 사람의 막을 방(防) 자까지 모두 가져감으로써 잃은 것 하나 없이 실로 실속을 챙긴 실사구시의 민족성 아닌가.

잠시 머리도 식힐 겸해서 이 세상을 풍자한 일면을 생각해 보았다. 꿈을 꾼 시절이 여름쯤이었는데 커다란 창고 속에서(광 속에) 여자들이 많이 모여 왁자지껄하는 모습 가운데 이명박 씨는 하늘이 내린 사람이다 하면서 우러러 받드는 가운데 비판이 난무하는 광경이 보였다. 마침 우리 딸이 쌍둥이를 순산하여 수원병원에 다녀서 수원 지동 시장 먹자골목에 가서 점심을 먹는데 마침 이명박이 방문하여 악수를 실제로 하였고 열심히 노력하세요, 좋은 일 있을 거예요, 하며 축하한 일이 있었다. 후일 실제로 이명박이 대통령이 되었고 지금 생각해 보면 꿈속에 보였던 창고 속(광 속)이 영어의 몸을 예시한 것 아닌가 생각해 본다.

서울시장 재직 시 청계천 정비는 자손 대대 전 국민에게 남긴 유산이 되었고 대통령 재임 중 작품인 4대강 유역 정비는 정치적인 이유로 각종 핍박이 있었지만, 대부분 국민은 절대적인 지지를 보내고 있다. 예부터 국가를 부강하게 만드는 데 첫째가 치수(治水)를 꼽았다. 모든 재난의 기초가 산과 물을 잘못 관리하는 곳에서 시작된다는 사실을 어찌 깨닫지 못하는가? 풍수해와 한발을 조절할 수 있는 것이 풍성한 산하(山下)의 조성이라고 굳게 믿는다. 재임 중 각종 자원외교 개발은 실패한 것도 없지 않지만 많은 성공한 부분은 의식적으로 정치색 짙은 미발표로 묻히고 있다. 후일 세상이 바뀌고 세대가 바뀌면 많은 재평가가 기대된다.

사람이 산(山)을 오를 때가 힘들다지만 내려올 때가 더욱 힘들다고 한다. 더욱 조심스럽다는 뜻이다. 흔히 역지사지라고들 한다. 상대방의 입장을 바꾸어 놓고 생각해 보라는 뜻이다. 때 안 묻은 처녀가 옹달샘에서 물을 긷고 있었는데 지나는 총각이 한눈에 처녀를 보고 반해서 물을 한잔 청했다. 처녀는 총각의 요청에 순순히 응했다. 물바가지에 물을 떠서 주면서 물바가지에 버들잎을 하나 따서 띄워 주더란다. 물을 급히 먹다 보면 사레라도 걸릴까 하는 배려에서 천천히 먹으라는 뜻에서란다. 이어 사내는 처녀에게 만남을 요청했다. 여자는 잠시 생각하다가 글자를 한 자 적어 주더란다. 적(籍) 자를 써 주더란다. 글자를 받아 든 사내는 골똘히 생각했다. 글자를 파자(破字)해 보았다. 대 죽(竹) 자, 올(來) 래. 대밭으로 오라는 뜻이 된다. 이십(卄)날 일(日) 이 십 일이라는 뜻이 된다. 20일 날 대나무밭으로 오세요, 라는 정다운 말이었다. 이렇게 작은 순간에도 운치 있고 깊은 교감을 나누는 역지사지의 미담이 사람의 마음을 훈훈하게 한다. 이 세상 매사에 역지사지의 생각이 공존한다면 좀 더 관용이 넘치고 활력이 넘치고 증오가 적어지는 사회가 될 것으로 생각된다.

오늘 신문을 보다가 서울 경복고등학교 100주년을 기념하기 위해 정론·직필 정신을 기리기 위해 조선일보 방상훈 사장님을 선정했다고 동문대상을 발표했다. 명문학교에서 명품상이다. 지금처럼 코로나19와 5가지를(직업 포기, 결혼 포기, 출산 포기, 주택 포기, 독립경제 포기) 포기한다는 5포 세대인 20~30代의 반란을 보듬어 줄 해법을 선도하는 정론지가 되어 줄 것을 간청드린다. 정론지가 그 방향을 제시하여 정치를 흔들어 깨워 이끌어 주기를 기대한다. 이남자(이십 대 남자)의 반란뿐 아니라, 이여자(이십 대 여자)의 확연해진 이 시대의 문제가 어느 정권지지 철회의 문제가 아니라, 희망을 포기했다는 절망적인 사회구조를 버렸다는 데 더 큰 문제가 있다.

　국가라는 구조 속에서 암 덩어리가 자라고 있는데 이를 치료하지 않고 내버려 뒀다가는 그 암으로 인하여 그 국가는 쓰러지고 만다. 정치가 이를 중요하게 보지 않고 완만하고 비효율적인 대책에 이남자 이 여자들은 시큰둥한 반응 아닌가? 필명 진인(塵人) 조은산의 시무 7조가 국민의 심금을 울렸듯 43만의 동의를 이끌어 냈으니 말이다. 누구나 평범한 노력으로 누구에게나 삶의 대전환으로 이어지는 별의 순간이 오기를 기대한다. 조선일보가 국민운동으로 이어질 시무 10조쯤을 만들어 국민을 일깨워 줄 것을 구독자로서 간절히 바라 마지않는다. 정계 눈치 보지 말고 국민만 바라보는 정론·직필로 사회개혁운동을 제시해 주길 바란다. 이로써 집단이익과 정파 싸움으로만 일컫는 정치인들 물갈이에 국민 마음을 이끌어 주길 간절히 바란다.

박근혜 정부 탄생예감 예몽(豫夢)에서는 출범하기 1년 반 정도 전쯤 많은 여자 장애인을 실은 자동차로 서울로 가는 중 나도 그 차를 타고 있었는데 박근혜가 좋은 일을 많이 하여 대통령이 될 것이라는 말이 들리더라. 가던 도중 사정이 있어 중간에 내려달라고 하니까 그냥 서울까지 가지 그러느냐 하면서 권유를 했는데 그냥 중간에 내렸다. 후일에 생각해 본 것은 중간하차한 것이 탄핵을 의미하는 것이 아닌가 생각이 된다. 내가 만약 중간하차 없이 서울까지 갔다면 어떻게 됐을까 생각도 많이 해 봤다가 한낱 꿈 이야기고 고쳐 꾸어 볼 수 없는 것이 꿈이려니 하고 담아 두었다. 어쨌든 후일 박근혜는 대통령이 되었고 꿈의 신비함만은 잊을 수가 없다.

지금까지 5명의 대통령을 예몽으로 내리 차례로 맞히게 되었다. 문 대통령을 빼고는 순서대로 그것도 당선되기 1년에서 1년 반 정도 전에 예몽(豫夢)을 꾼 것은 이 무슨 조화인가. 그리고 문 대통령을 빠트린 것은 무엇을 뜻함인가. 늘 많이 생각하고 함부로 행동하지 않는다. 무슨 일을 하려고 결정할 때 많이 검토하고 준비한 후에 착수한다.

2019년 7월경 꿈이다. 윤석열이란 사람을 알지도 못하고 어느 지연 관계도 아닌데 윤석열이라는 사람이 강화도 마리산이라고 하는 곳에서 좋은 차림의 양복을 입은 채 좌우에 같은 좋은 양복 입은 다섯 명씩의 건장한 사람들과 서쪽 중국 방향을 무척 조심스러운 표정으로 한참을 바라보다가 웃는 표정으로 내려오는 모습을 보았다. 검찰총장도 되기 전인데 방송에서 자주 보이는 저분이 꿈속에서 본 윤석열이구나 하고 알아본 것이다. 그런데 앉아 있는 자세에 다리가 얼마나 긴지 깜짝 놀랄 지경이다. 내가 그 긴 다리를 붙잡고 무엇을 말하려고 했는데 뿌리치는 바람에 놓치고 말았다. 나는 당신에게 어떤 부탁이나 요구사항을 말하려는 것이 아니다, 하니까 지금은 때가 늦었다며 기어코 뿌리치더라. 한참을 실랑이를 하다가 다시 다리를 붙잡았다가 무엇을 그렇게 말하려고 했는지 지금도 모르겠는데 분명한 것은 어떠한 사적인 부탁을 하기 위해서 임은 아니었다는 것이다. 이 나라를 위한 당부를 하기 위해서였을 것으로 생각한다. 이후 윤석열이 검찰총장이 되었고 추미애 장관이 윤 총장을 박해할 때 꿈을 꾸는데 얽히고설킨 실타래가 윤

총장 앞에서 한 뭉텅이가 놓여 있더라.

 꿈속에서는 나는 저 얽히고설킨 실타래를 어떻게 풀겠나, 도리 없이 가위로 자르는 수밖에 없겠다, 생각했는데 윤 총장과 아내가 풀었다며 가지런히 정돈된 실타래가 놓여 있더라. 더구나 윤석열 아내가 푸는 데 더 많이 공을 세웠단다. 이처럼 두 차례 걸쳐 꾼 꿈이 예상치 않아 보인다.

 강화도 마리산의 원래 이름은 우두머리라 하였다. 마리산은 마이산이라고도 하였는데 마리는 머리를 뜻하며 민족의 머리로 상징되어 민족의 명산으로도 불려 오고 있다. 2018년 새해를 맞아 단군왕검이 천제(天祭)를 지낸 곳을 찾아 강화도 참성단 답사를 하였다. 태종실록 세종실록지리지에 기록되어 있다. 강화도 마리산에 오른 것은 분명히 대통령이 된다는 예시다. 나는 그렇게 굳게 믿는다.

 아직 본인이 정계 진출을 선언한 것도 아니고(지금 5월 4일 현재) 노선 결정도 없는데 조급한 선언 아닌지 궁금도 하지만 나의 여섯 번째 꾼 꿈을 믿고 있기 때문에 윤석열이 차기 대통령이 된다, 라고 이 글을 쓴다. 후일 보면 알겠지만 얽히고설킨 실타래를 윤석열 아내와 함께 잘 풀어서 가지런히 정돈시켜 놓은 것을 보면 이 사회를 잘 정돈시켜 놓을 것으로 확신한다.

두 번씩이나 윤석열 다리를 붙잡고 하고 싶었던 그 말을 지면을 통해 써 본다면 소상공인의 한을 먼저 말하고 싶다. 소상공인에게 준 지원금은 내가 갚아야 할 부채이고 싼 금리에 거치기간이 있으니 안 쓰는 것보다는 나을 것 같아 쓰긴 했지만 그것이 눈물겹도록 고마운 것은 아니고 두고두고 갚아야 할 부채만 늘어만 갔다. 세상에 발생하지도 않은 미래의 수익에 비례하는 부가세를 미리 내라니 이것도 법입니까? 그것도 예납임에도 늦으면 과태료라니 국민 세금 무서운 줄 모르고 전 국민에게 준 몇 차례에 지원금으로 총선에서 180석의 대성공을 거두었지만 진실로 고마워하진 않는다. 도움이 되지도 않는다.

어찌 지면을 통해 모두 말할 수 있나. 불합리한 입법처리로 이루어진 각종 법률 또는 정책들은 모두 뒤집어라. 무너진 정책을 살피고 보험 들어 둔 모든 사건을 전광석화처럼 재조사하라. 미결되고 걸치고 있던 미결 사건들 조속 재수사하고 검찰총장 시절에 기개로 임하라. 이남자(이십 대 남자)들이 웃고 돌아올 수 있는 사회 구조를 만들면 성공한다. 5포 세대들이 위케이션(work 일, vacation 휴가의 합성어)으로 젊은이들이 재택근무를 넘어 휴양지에서 업무나 휴식을 동시에 가질 수 있는 여유로운 삶이 있는 사회구조를 권한다.

키게로는, 책은 청년에게는 음식이 되고 노인에게는 오락이 된다고 하였다. 부자일 때는 지식이 되고 고통스러울 때는 위안이 된다고 했다. 워케이션과 함께 이남자에게 위안과 음식이 되는 책을 같이하는 여유를 가져 주길 바란다.

1500년 전 유럽 디오니시우스 엑시구스는 신학자가 교황의 명령으로 "부활제의 서"라는 책을 쓰면서 그리스도가 태어난 해를 계산했는데 그해가 서기 1년이나 되었다. 서기 1년 이전의 해를 기원전 몇 년으로 시작했다. (before Christ) 그리스도 탄생 전 약자 BC다. 서기는 AD(Anno Domini) 라틴어의 약자 그리스도의 해라는 뜻이다. 단군기원(檀君紀元)은 단군 할아버지가 고조선을 세운 때로부터 해를 세는 방법으로 고조선이 기원전 2333년에 세워졌으니까, 단기를 계산하려면 서기에다 2333을 더해야 한다.

윤석열 대통령으로 취임할 내년을 서기 2022년이 단기로는 4355년이다. 잠시 생각해 보았다.

요즘 79학번 서울법대 동기생들이 쓴 우수한 윤석열 중앙고 동창들이 쓴 윤석열이 진심들의 책 발행을 두고 요즘 나를 파는 사람이 너무 많아서 출판에 동의하지 않는다고 했는데 내가 출판하는 "윤석열, 대통령 된다"는 이 책도 누가 되지 않나 걱정도 된다. 하지만 전혀 팔고 싶은 생각은 털끝만큼도 없다. 믿거나 말거나 생각은 자유이고 다만 나는 신념을 믿어 의심치 않아 발표를 결정했을 뿐이다. 이것은 나의 창작이고 생에 처녀작임을 밝힌다. 후과(後果)는 온전히 나의 몫이다. 세상도 살 만큼 살아본 기축생(己丑生) 73세이니 나쁜 결과를 책임질 수 있는 나이다.

한 가지 꼭 당부하고 싶은 것은 꿈속에서 보았듯이 정파 따지지 말고 필요하고 응하면 잡아라. 좌우에 5명씩을 거느렸지만 다다익선(多多益善)이다. 많으면 많을수록 자산 아닌가. 삼고초려를 해서라도 모셔야 할 사람은 놓치지 말아야 한다. 사람을 잘 쓰는 것이 아주 중요하다. 이 세상에 똑똑한 사람은 얼마든지 많다. 볼 줄 몰라 못 찾는 것이 아니다. 내 편을 서 줄 사람을 찾으려니까 어려운 것이다. 때에 따라서는 내 편이 아니고 나를 가르치고 이끌어 줄 사람이라면 기어이 써야 한다. 인사가 만사라고 하지 않던가. 사람만 잘 써도 반성공이다.

제2의 최재형 감사원장 한동훈 검사 등 각종 회유와 압박에도 흔들리지 않는 신념의 남자들을 당파 색 가리지 말고 잡아서 쓰는 인사 풀을 쓰길 바란다. 나는 윤석열에 대해 잘 모른다. 윤석열 장모나 처에 무슨 결격사유가 있는지도 모른다. 총장에 나갈 때 인사청문회에 임할 때는 아무 일 없다고 두둔하던 사람들이 근래태도에 여러 사람들은 '윤나땡'이라고 풍자한다고 한다. 윤석열이 야권대선 후보로 나서 주면 고마워서다. 윤 전 총장의 장모와 처에게 심각한 결격사유가 있어서 대선 무대에 올라서는 순간 십자포화를 맞고 무너진다는 얘기다. 이러한 사고는 서울시장 보궐선거에서 몰방했다가 쪽박을 찬 생태탕 전략 2.0이다. 이에 야당 사람들은 '문나땡'이라고 한다. 문파들이 지금처럼 계속 나대 주면 고마워서다 대선을 거저 주워 먹을 수 있다는 반의어이다.

이 언쟁에서 한 가지 사안을 가지고 유불리를 다르게 해석하는 정치권 태도에 염증을 느낀다. 진심은 하나다. 오죽했으면 검수완박(檢搜完剝)을 외치며 조직을 살리고자 현직을 과감히 던졌으랴. 일찍이 삼성회장은 기업은 이류 행정은 3류 정치는 4류라고 했을까. 이한동 전 총리에의 좌우명이 海不讓水(해불양수, 바다는 어떠한 물도 사양하지 않는다)라는데 곱씹어 볼 일이다.

2
경제에는 크게 성공했지만 자식농사에는 크게 실패한 어느 지인의 이야기

내 주위에 지인 한 사람이 경제적으로 크게 성공한 사람이 있는데 세평이 안 좋았고 심지어는 무척이나 증오와 분노로 원망의 대상이었다. 그 생이 다하기도 전에 그 자손들에 의해 모두 경매로 넘어가는 현상을 두 눈으로 지켜봐야 하는 실패한 인생이었다. 그 지인의 일생을 되짚어 보았다.

그가 30대 초반에서부터다. 이 지역은 동서로 하천 너비가 30m에 이르는 넓은 하천이 있었다. 그 하천 제방도 상당히 두둑하면서도 넓게 쌓여 있었다. 한쪽은 국도가 있었고 그 국도 쪽으로 넓은 하천부지가 있었는데 그 하천 부지에 넓이 약 40m 길이 100m로 약 1,200여 평 목장을 만들었다. 물론 무단 점유다. 50년도쯤에 일이니까. 그 무렵 공무원들의 권세가 하늘을 찌를 듯할 때다.

법을 앞세운 공무원들의 난폭한 행동도 어느 정도 묵인해 주는 때였다. 국가소유인 하천부지에 설치한 간이막사인 외양간(牛舍)이 불법이라면서 때려 부수고 고발까지 하는 등 갈등이 심했고 외양간 주인은 갖은 방법으로 면사무소 군청을 드나들며 횡포를 일삼았다. 마침 그 외양간 주인은 상이군인이었다. 6.25 때 참전해서 싸우다 총상을 입은 급수 높은 상의군인이었는데 그 위력 또한 만만치 않았다. 값싼 생활용품을 가지고 다니면서 일반 가정집에 찾아가 반강매 내지는 협찬의 의례로 시가보다 다섯 배 이상 비싼 가격에 팔고 다니기도 할 때였다. 지금은 그런 행동이 싹 없어졌지만, 그 시절에는 국가에서도 어느 정도 묵인해 주는 시절이었으니까 그들의 난폭성은 날로 심할 때였다.

그 외양간 주인은 이틀이 멀다 하고 면사무소와 군청을 찾아가서 파괴된 외양간 복구를 요구하며 행패를 부렸고 면사무소나 군청에서는 외양간 주인인 그 상이군인이 나타나면 자리를 피하고 진땀을 빼곤 하는 등 아주 골칫거리 대상이 되었다. 군청단계에서 지정된 기일까지 복구가 안 될 시엔 도청까지 찾아가서 민원을 넣겠다는 등의 협박을 일삼았다. 군청에서는 단속규정을 초월했다는 이유에서 말단 공무원인 산업계장을 징계하겠다는 선에서 사건을 마무리하려 했다. 산업계장의 목이 달아날 위험순간이 다가왔다.

60년도 그 무렵엔 소 값이 높았다. 갓 낳은 어린 송아지 값이 150만 원씩 할 때이다. 성우 한 마리 값이 300~400만 원 할 때이니까 30여 마리를 키우는 그 외양간의 평가는 상당히 큰 금액이었다. 상이군 5~6명이 떼를 지어 면사무소와 군청을 드나들며 책상을 들어 엎거나 뒤집으며 1억 배상을 요구하며 행패를 부리다가 합의 조건으로 하천부지 점유지 불하요청을 하게 되었다. 국가 소유인 하천부지 매각은 피해를 보는 상대성만 없으면 점유자에게 우선권이 있었다. 군청에서도 피해를 보는 상대성은 없으니 점유자에게 매각을 허가하여 주고 공무원도 살리자는 뜻에서 하천부지 점유자인 외양간 주인인 그 상이군인에게 하천부지 매각을 결정하였고 그 외양간 주인은 시가보다는 10배 이상 저렴한 고시가격으로 1,200여 평을 인수하게 되었다. 물론 말단 공무원도 기사회생되어 일상근무를 하였다.

지주가 된 그 상이군경은 목장을 정리한 금액과 은행자금을 동원하여 객실 50개와 객실 40개의 숙박시설과 60여 평의 식당을 2년에 걸쳐 어렵사리 공사를 완료하였다. 그때 당시에는 일반인들은 상상도 못 하는 숙박업을 창업한 것이다. 100여 대를 일시에 주차할 수 있는 넓은 공간과 300여 명을 일시에 숙박할 수 있는 시설은 물론이고 100여 명이 일시에 식사할 수 있는 음식점 등 누가 감히 대적할 수 없는 대규모 사업장이 준공된 시기는 90년도 초쯤으로 기억된다.

준공 과정에서 방화시설 미비로 준공이 미필되었고 상이군경 지부장인 직함을 앞세워 갖은 행패와 압력이 오갔고 3개월 때를 지연하다가 끝내 준공처리를 하였다. 그 당시에는 도로 개설 및 탁상공사가 붐을 일으킬 때라, 원거리 타지방에서 오는 대규모 공사업체 인력들이 넘쳐난다. 30~40명씩의 업체별로 달방(月房)이 만석을 이루었다. 식당도 줄을 서서 기다렸다가 2~3차에 걸쳐서 써먹는 기현상이 일어났다. 더구나 양쪽 모텔 지하방에는 젊은 20대 여성들을 고용한 노래방을 겸한 바 시설을 차려 젊은 노무자들을 현혹했다. 그야말로 지하 지상에서 먹고 자고 회포를 푸는 것까지 원스톱 셀링의 별천지 세계의 유명장소가 되었다.

수많은 고비 고비마다 조상 선대와 천신(天神) 지신(地神)께 바치기 위해 돼지머리와 시루떡을 업체에 맞추어 고사를 지내는 일은 안식구의 몫이었는데 할 적마다 크고 작은 트집을 잡고 시비를 걸어 약속한 대금의 절반가량을 주지 않는 방법으로 업체를 골탕 먹이기로 유명하여 그 집에서 요청이 오면 머리를 흔들고 거부하는 현상이 그 업계에서는 쫙 돌았고 그 지역에서는 떡을 못 맞추는 악처로 소문이 나 있었다. 그야말로 돈 버는 데 남다른 재주가 있어 선망의 대상이었지만 인간으로서는 부부가 똑같이 악행을 저질러 누구누구 하면 누구나 머리를 흔들 정도로 저주하는 대상이었다.

그 내외에게는 위로 딸 넷 아래로 아들 둘이 있었는데 위로 딸 넷은 초등학교만 졸업하고 모두 생업에 종사하게 하고 아들 둘은 초등학교에서부터 서울로 유학을 시켰다. 귀하디귀한 아들을 잘 키우겠노라고 식모 채용하여 모자람 없이 요구하는 것 다 들어주는 금수저의 자식으로 자랐다.

자식은 마음대로 안 되듯 큰아들은 돈 잘 쓰고 친구들 맛있는 것 잘 사 주니까 뒷골목의 애들과 어울려 나쁜 짓만 골라 하고 남의 애들 때려 주고 돈 물어주기 바쁘고 돈 들어가는 일은 아깝다 않고 기 살려 준다고 알뜰살뜰 키웠다. 돈이라면 원 없이 벌고 있으니까. 돈으로 막을 수 있는 일에는 겁이 안 났다. 급기야는 큰아들은 친구 들꾐에 빠져 마약에 손을 댔고 끝내는 인간으로서 가지 말아야 할 감옥에까지 갔다 와야 하는 신세가 되었다. 공부는 아예 뒷전이고 아버지 유산을 물려받아 편하게 살기를 권하고 대학 진학을 권유하지도 않았다 하여 대학교 문 앞에도 가 보지 못했다.

  둘째는 큰 말썽도 없이 평범하게 자라 큰 희망을 걸고 대학을 서독으로 유학시켰다. 경제적인 면에서는 부족함이 없었지만, 언어가 통하지 않고 문화가 다른 외국생활을 이기지 못하고 유학 1년 후쯤 퇴교조치가 되어 귀국하게 되었다. 부모들은 아쉽지만, 모텔 두 개 한 아들에 하나씩 주기로 하고 귀향하여 생업에 수업을 권하고 부모 밑에서 수업에 열중이었다. 생전 돈을 써 보기만 했지 벌어 보지는 못

했던 터라 매사에 끈기가 없어 모텔 경영에도 적극적이질 못했다. 어머니 아버지가 양쪽 모텔을 지키고 있으니까 자식들은 관리만 하려고 하고 2~3일간 일하고 하루 외출하고 돌아온 후엔 벌어들인 금액의 2~3배의 사고수습비가 필요했다. 그래도 부모님은 사고수습에 아까워 않고 아들들의 기 살리는 데 중점을 뒀다. 주위의 사람들은 부모들의 지나온 악행에 치를 떨었고 저 집은 저 자식들(아들들) 때문에 곧 망할 것이다, 하고 수군대기 시작했다.

어느덧 부모 나이 들어 자식들에게 완전 전권을 넘겨주고 거처를 옮겼다. 거동조차 불편할 정도이니까 각종 반찬을 만들어서 보내 드려야 하는 등 세심한 봉양이 필요했다. 두 아들의 며느리들이 드나들며 봉양을 하기 시작했다. 네 딸들은 그 많은 재산 아들들에게만 주었다며 매일 싸움이 반이고 편할 날이 하루도 없었다. 작은아들은 젊은 놈이 관리만 하자니 지루하고 답답하여 직장생활 한답시고 떠나고 형에게 관리를 맡겼다. 형은 동생의 모텔을 관리가 힘들다며 임대를 주었다. 돈 잘 쓰는 버릇이 있어 임대보증금으로 받은 5억 원을 다 탕진해 버렸다. 모텔 건립 시 이용한 융자금이 20억 원 보증금, 탕진 금액 5억 원. 합하면 남의 건물이나 다름없는 상황이 되었다가 작은아들은 모텔 운영 시 만든 여유자금만 가지고 사업을 하려고 했다. 여의치 않아 생활비조차 부인에게 못 주고 또 모텔에서 나오는 운영자금이 없어지니까 불화가 극에 달했다. 끝내 이혼을 하게 되었고 혈혈단신 거처할 곳조차 없이 불쌍한 처지가 되어 부모가 사는 집으로 들어갔다가 그야말로 캥거루족이 되었다.

당장이야 부모와 함께 사는 것이 가능하겠지만, 언제까지 가능하겠는가 생각이 되니 이제는 형제간 싸움이 날로 심했다. 큰아들은 3남매와 처는 수원에 거처하고 자기만 모텔에 와서 관리하고 있었는데, 눈 밝은 홀로 된 여인이 계획적으로 접근하여 모텔 운영을 도맡아 하고 틈나는 대로 부모님에게 봉양 잘하고 네 명의 시누들에게 살뜰하게 접촉하여 시부모 시누이들에게 환심을 샀다. 시동생에게도 생활비를 주는 등 그 집 식구들 모두를 내 편으로 만들어 시부모와 시누이 시동생에게 불편했던 큰아들 본처를 이혼시키는 데 성공하고 주위 사람들에게 자랑을 일삼았다. 1,200여 평 대지 위에 객실 90여 개의 모텔 두 채와 60여 평의 식당들이 모두 내 것이라 하고 부잣집 안방마님 역할을 하며 친정 식구들이 부잣집에 시집간 거 보러 온다고 수시로 드나들었다. 두 내외가 각각 에쿠스 승용차 타고 다니며 위세가 대단했다.

밖에서 보는 시선은 곱지 않았는데 후처가 들어와서 큰아들 낭비벽을 바로잡고 알뜰히 하면 좋으련만 두 내외가 각각 누가 더 많이 빼먹나 싶을 정도로 낭비벽이 심해졌다. 그전에 그렇게 잘하던 시부모 봉양이나 시누이 시동생 건사는 남의 일이 되어 의견이 났고 시부모 시누이들과 쌍욕을 퍼붓는 등 불화의 정도가 날로 심했다. 큰아들은 여유 있는 대지를 활용한다며 농업법인을 지인으로부터 끌어들이고 늦게 맞이한 처를 대표이사로 올려 통돼지를 잡아서 10여 마리씩 들여와 납품한답시고 계류시키는 동안 친구들과 주위 사람들은 물론 후처 처가 식구들을 불러 흥청망청 무상접대를 일삼은 지 3개월 만에 법원 압류가 있어 급히 주선하여 돈을 닥닥 긁어 쓰는 바람에 융자금 이자를 2개월째 연체가 되니까, 눈치 빠른 임대 들어온 업자로부터 월

세금 납부를 거부한 것이다. 점점 융자금(전체 금액 50억)에 이자납부 지연으로 경매가 시작되었다. 이 모든 상황을 듣게 된 부모님의 심경은 땅을 치고 후회했지만 이미 때는 늦은 것이다. 급기야는 그 큰 시설이 경매로 넘어가고 자기 건물이었던 식당을 빌려 운영을 하였다. 주위에서 일찍이 예상했듯이 아들이 건물 인수한 지 3년도 안 돼서 경매로 넘어간 것이다.

가치상으로 계산해 볼 때 약 200(대지 1,200평 건물 약 300평 동시숙박시설 60여 평의 식당 3,000여 평의 밭 등) 억 원을 일시에 말아먹은 희대의 불효막심한 아들 며느리로 손가락질을 받았다. 1년여간 월세도 안 내면서 식당을 점유하니까 주인으로부터 쫓겨나게 되었고 집안이 풍비박산이 되었다. 부자가 망해도 3년은 간다고 옛날 노인들이 말했는데 아버지 대에 벌어 놓은 거대한 재산을 아들이 철저히 씨도 없이 말아먹은 것이다. 자랄 적부터 주는 돈 쓸 줄만 알았지 평생 한 푼 벌어 보지 못한 사람이 심성이라도 착했어야 할 사람들이(내외가 똑같았음) 교만하고 오만하고 거만하여 누구 하나 딱하다고 생각 않고 도와줄 사람이 온

천지에 사람이 없다.

 딸들 네 명 중 세 명이 이혼을 하여 궁핍하게 살고 있고 막내딸은 외아들을 미국으로 유학시켜 이름난 사람 만드나 했는데 다 장성한 아들을 교통사고로 잃고 처참한 처지에 놓였다. 작은아들에게 주었던 모텔 터로 큰딸 명의의 땅이 불규칙하게 접하여 경계에 울타리(경계철망)를 쳐 놓아 모텔 관리에 많은 불편함에 있었다. 불편하여 안 사고는 못 배길 것이다, 생각했고 모텔주는 적당한 값에 인수를 희망했지만, 큰딸은 기회가 왔다 싶어 시세보다 10배 정도의 비싼 값을 희망하는 바람에 성사되지 못했고 영영 불편한 사이가 됐고 불편한 생활을 감수하고 산다.

 그 많은 재산 다 날아가고 여섯 자식이 잘된 사람 없이 부모 대에서부터 자식 대에서까지 세상에 손가락질의 대상으로 기억되는 현실을 살아생전에 두 눈 뜨고 보고 듣고 한 부모 마음이 얼마나 애절했겠나 싶다. 어쨌거나 날로 쇠약해지는 심신으로 살다 끝내 두 내외 부모님은 세상을 뜨셨고 그 많은 재산을 일꾼 부모는 자식 잘못 둔 나쁜 결과로 내 집도 없이 남의 셋집에 살다가 한 많은 삶을 마쳤다가 살아생전에 악행으로 상갓집에 문상객 없이 친족 몇 분과 자식들만으로 장례를 치렀다. 그렇게 크게 일군 두 모텔로 다녀서 노제라도 지냈으렸만 남의 건물을 어떻게 다녀가랴. 쓸쓸하게 예식장으로 직행하였다.

삼오날이었다. 이상하게 큰아들 모텔이었던 그 모텔 입구 휴지 상자에 커다란 살무사 뱀이 또아리를 틀고 사람이 쫓아도 나가지 않고 있는 것이다. 관리인이 몽둥이로 죽이자고 할 때 주위 사람들 만류로 죽이지는 않았다. 삼오날 온 종일을 모텔을 지키다가 이튿날에야 스스로 냇가 쪽으로 사라졌는데 사람들은 이 건물 지은 건물주가 죽어서 뱀으로 환생할 것이라고들 딱하다고 수군댔다. 이 뱀이 잘 떠나 달라고 뱀이 들어 있는 상자 앞에다가 막걸리 병과 안주를 차려 놓고 모쪼록 아무 일 없이 좋은 곳으로 돌아가 달라고 빌고 빌었단다. 그래서 그런지 그 이후 뱀은 돌아갔고 영업도 순조롭게 잘되더란다.

옛말에 자식에게 잡은 고기를 물려주지 말고 고기 잡는 방법을 가르쳐 주라고 했다. 물려준 재산은 없어질 수 있지만, 고기를 잡는 방법을 가르쳐 줬다면 설사 재산이 줄었을

지라도 고기 잡는 방법을 알았으니 지켰을 것이다. 예를 들어 두 자식을 기술직업을 가르쳤다면 돈 버는 것이 얼마나 어려움을 알기 때문에 방탕한 생활을 지양했을 것이다. 부모의 잘못된 생각에 자식 둘을 다 버리게 된 것이다.

어쨌거나 그 아들들도 이제 나이 들어 60줄에 머리가 희끗희끗해지고 작은 가게 하나 얻어 요식업을 한다고 들었는데 모쪼록 대과 없이 잘 지내기를 마음속 깊이 빌어 주고 싶다.

제3자가 보기에도 너무나 안타깝고 후회스러워 적어 보았다. 내 자식 고생 않고 대대로 잘살기를 바라는 부모들 누구나 바라는 바지만 방법론에서는 깊게 생각해 봐야 할 중요한 문제다. 주물제철소에서 가장 강한 물건은 가장 강한 불에 달궜다가 찬물에 담갔다가 냉·온탕을 달궜다가 찬물에 담갔다가 냉·온탕을 얼마나 반복하느냐가 관건이다. 인간도 파란곡절을 겪는 것이 단지 애처롭게만 생각할 것이 아니라 사람 됨됨이가 되어 가는 가치의 과정이라고 또 값진 경험의 기회라고 생각하면 마음 편할 것이다. 즉, 소확행(사소하지만 확실한 행복)이라고 생각했으면 좋겠다.

쉽게 얻은 행복의 가치를 귀한 줄 모르고 60 나이가 다 되도록 땀 흘려 돈 벌어 본 적 없는 온실 속에 화초가 어찌 모진 바람과 폭풍우 속에서 어떻게 결실을 볼 수 있었겠나. 이 세상에 태어나서 내 처자식 건사조차 책임지지 못하고 이혼 등으로 가슴 못 박히게 만들어 놓고 제 자식 잘되기를 바라겠나. 매사에 공짜는 없다는 평범한 진리를 어째서 잊고 살았단 말인가. 새로 태어나는 심정으로 세상을 다시 살기를 기대해 본다.

3
숨어 우는 모정(母情)

내 주위에 지인이 겪는 애달픈 현실을 적어 본다. 꿈에 부푼 나이에 결혼하여 자식을 가질 적에 신혼여행길에 사찰에 들러 갖은 돈 다 털어서 보시를 하고 부부가 각자 마음속으로 소원을 빌기로 했다. 소원을 마치고 대화를 나눴다. 무엇을 빌었느냐고! 나라에 크게 이바지할 아들 하나를 점지해 달라고 똑같은 소원을 빌었다는 것을 반갑게 생각하면서 버스 편으로 귀가하였다.

나날이 즐거웠고 급기야 임신을 확인하였고 사찰에서 소원대로 나라에 쓰일 동량이 되기를 기대하면서 출산을 기다렸다. 마침내 출산하려고 산부인과에 입원하였다. 처음 겪는 초산이라 불안하고 좁은 간격으로 다가오는 진통에 몹시도 고통스러웠다. 간호사가 잠시도 떨어지지 않고 밀착 조산을 하고 있었다. 마침내 출산하는데 양수가 터져서 간호사 얼굴과 온몸에 뒤집어썼다. 참으로 민망하고 망측해서 몸 둘 바를 몰랐다. 간호사도 얼굴을 닦고 옷매무시를 고쳐 입고 하는 말이 간호사 15년에 이런 일은 처음 당해 본다며 그 녀석 성질 한번 대단하겠구나 하면서 정말 미안해하지 말라면서 안심시켰다.

키우면서도 남달리 유난을 떨었다가 밤새 잠을 안 자고 우는 바람에 부부가 함께 단잠을 못 잤다. 어쩌다가 잠시 눈을 떼면 100일도 안 된 것이 뻗대고 치밀고 올라가 윗목에 책상 밑까지 가서 있는 때가 한두 번이 아니다. 그런데도 별 탈 없이 잘 자라 돌이 다가왔는데 시부모 댁에서 바쁜 부엌일을 하느라고 신경을 못 써 아이에 대하여 신경을 못 썼다.

3명의 시누이가 있었는데 애가 없어졌어도 크게 걱정 안 했다. 시누이들이 업고 나갔겠지 하는 믿음에서였다. 세 시누이가 아무도 아이를 업지 않고 나타난 것을 보고 애를 어쩌고 맨몸이냐고 물으니 모두 안 데리고 나갔다는 것이다. 깜짝 놀라 온 집안 식구가 애를 찾느라고 법석을 떨었다. 시댁에는 큰 황소를 키우는 마구간이 있었는데 아이가 울기는커녕 황소 마구간에서 황소에 밟히지 않고 놀더라는 것이다. 부처님이 보우하사 애 다치지 않고 보살펴 준 황소에게 고맙다고 마음속으로 감사해 하며 애를 데려다 씻기고 다시는 그곳에 가면 안 된다고 타일렀다. 애도 여느 애와는 달리 올돼서 돌 전에 걷고 제 돌떡을 옆 사람에게 돌리는 올된 아이였다.

어느덧 4살이 되었다. 옆집에 일곱 살 먹은 아이가 일일공부하는 배달된 책자를 보고는 저도 일일공부하겠노라고 일일공부 책자를 사 달라는 것이다. 너무 어려서 걱정도 했지만 제가 원하니까 신청을 했고 누가 가르쳐 주지 않았는데도 곧잘 따라 했다. 다섯 여섯 살 무렵에는 누가 가르쳐 주지도 않았는데 한글을 완전히 숙달한 것이다. 주위에서는 신동이 났다고 반가워했고 부부도 그저 즐거워했다. 그런데 애가 보고 싶어 외오촌 아저씨들이 자주 놀러 왔다.

아들은 외오촌 아저씨들한테 싸움 잘하는 방법을 가르쳐 달라고 보챘다. 외오촌은 커다란 비법을 하나 가르쳐 주었다. 애들 싸움에서는 코피만 봤다 하면 이기는 거다 하며 싸움이 시작되면 기회를 봐서 무조건 코부터 공격해라, 코피가 나면 상대는 무조건 울게 돼 있고 울면 무조건 네가 이기는 거다. 곁들인 것은 쌍욕을 가르친 것이다. 개○ 같은 새끼, ○○ 새끼, 사○의 새끼, ○ 같은 새끼 등 입에 못 담을 쌍욕을 배운 것이다.

제 또래도 아닌 두세 살 저보다 더 먹은 애들을 상대로 글자를 모른다고 싸움을 걸고 제 부하가 안 된다고 뻗댄다고 동네 아이들과 수시로 싸움을 하는데 코피를 터뜨리고 쌍욕을 쓰면서 듣기에도 민망스럽게 판정승을 하고는 혼자 즐거워하기까지 하는 것이다. 하도 기가 막혀 불러 앉혀 놓고 도대체 너 누구한테 코피를 터트리며 갖은 쌍욕을 쓰는 방법을 어디서 배웠느냐고 다그치니까 당숙님이 비법이라고 가르쳐 주더라고 자랑을 하더란다. 조금 있으면 학교도 다녀야 하는데 너 계속 이 버릇 안 고치면 학교에서 퇴학당하고 그렇게 되면 학교도 못 다니게 되고 학교에 못 다니면 훌륭한 사람이 못 되고 거지밖에 안 된다, 겁을 주었더니 그날로 약속을 하고 버릇을 고쳤다.

그 무렵 시댁에 시아버지 병세가 깊어 기력을 보하는 첩약을 지어서 아들 밑에 갓 태어난 딸까지 데리고 네 식구가 시댁에 방문하였는데 시어머니가 시누이 셋이서 줄줄이

여 월 때가 되었는데 무슨 보약을 지었느냐고 책망하는 소리를 듣고 어른들보다 아들 녀석이 먼저 할머니, 고모들한테 입에 못 담을 쌍욕을 쓰면서 엄마 집에 가자, 아기를 데리고 빨리 가자, 내가 커서 네 ○들 다 죽여 버릴 거야 하며 난리를 치는 바람에 온 식구가 깜짝 놀랐다. 어떻게 그 어린애 입에서 저런 쌍욕을 할 수 있을까 하고 놀라곤 했다.

애 할아버지가 하도 성격이 급하셨기에 대물림하였다고 하면서 워낙 달래도 소용없고 울며불며 집에 가자고 보채는 바람에 그냥 귀가하라고 해서 돌아왔다. 이후 아들도 알아듣게 가르쳤고 이내 그 못된 버릇을 고쳤고 애들과 싸움도 안 했다.

초등학교 입학해서 별 말썽 없이 공부 잘하고 모범생으로 정평이 나 있었다. 발표력도 좋았고 언제나 또래에서 우두머리 역할을 했고 성적도 1등, 2등 자리를 항상 지켰다. 그 당시에는 학부모 일일교사 제도가 있었는데 아들이 저의 엄마를 추천해서 담임 선생으로부터 전화가 오기를 몇 월 며칠날 학부모 일일교사로 결정됐으니 꼭 나오셔야 한다기에 일일교사 일을 몇 번 한 적이 있다. 아들이 이삼 학년 무렵에는 그 당시 서울 구경한 학생이 드물었다. 남대문 건물이며 기차와 전철을 구경도 못 했을 나이인데 어느 날 기차에서 저희 욕 가르쳐 주던 외오촌 아저씨를 만난 것이다. 깜짝 놀란 아저씨가 너 어데 갔다 오느냐 물으니까 서울 구경하러 가서 남대문 구경하고 전철도 타 보고 기차도 타 볼 겸 서울 갔다 오는 길이라며 엄마에게 말하지 말라고 신신당부하더란다. 얼마가 지나 이야기를 해 주어서 알았는데 신통하기도 하였지만, 앞으로는 엄마한테 말하면 언제라도 엄마가 데리고 가겠다고 타이르고는 이후 큰 말썽은 없었다.

애가 4~5학년 무렵 할아버지가 돌아가셨다고 연락이 왔다. 시가와 떨어져 살았기 때문에 물론 임종을 못 했고 시간이 지나 염습시간이 지났다. 친손주는 이 아이 하나뿐인데 임종도 못 했고 염습도 못 해 아쉽다고 주위 사람들과 친척들이 수군대는 소리를 들어서인지, 얼마나 애가 슬피 우는지 관 뚜껑을 열어 달라며 울며불며 소리를 치는 바람에 친척사람들이 관 뚜껑을 열어 주었더니 염습한 모습을 어루만지며 슬피 우는 모습에 주위 사람들마저 함께 우는 광경이 벌어졌다. 역시 손자답다며 다들 신통히 생각했다.

며느리 주장에 따라 묘비석을 세우고 둘레석을 만들고 상돌을 앉히는 등 산소를 잘 꾸며 드렸다. 물론 집안 어른들로부터 선대 산소를 놔둔 상태에서 아랫대 산소를 잘 만드는 것이 아니라는 핀잔도 들었지만 별로 개의치 않았다. 떼를 뜨는 장소와 모시는 산소 장소가 떨어져 있고 가운데 골짜기가 있어 일이 몹시 번거로웠다. 사람들이 떼를 한 장씩 들고 다니니까 어린 손자가 나서서 1열로 쭉 세우더니 떼를 옆으로 전달하도록 하여 일이 수월하게 끝이 났다고 사람들이 손주 녀석 한번 잘 낳았다고 칭찬을 했다. 장례를 마치고 무사히 올라왔다.

말썽 없이 중고등학교를 마치고 대학을 진학할 때가 되었다. 어느 날 강원도 이름도 못 들어 본 대학인데 아들의 수석합격을 축하한다며 꼭 입학해 주길 당부했다. 어제저녁 꿈에 건장한 말 한 필이 날개를 달고 하늘로 치솟으며 크게 우는 꿈을 꾸었는데 그 말 모습이 그 학교에 상징이었던 것으로 기억된다. 끝내 그 학교에 진학을 포기하고 국외유학을 결정하고 출국했다. 뒷받침이 넉넉지 못했고 수시로 출국해서 돌봐야 할 처지도 못 돼 부모 밑에서 고생 모르고 살던 아들은 넉넉지 못한 집안 사정을 아는 터라 감수하며 살았다.

처음에는 말도 문화도 다른 외국생활에다 부족한 경제적 뒷받침으로 혼자 울기도 많이 울었단다. 아픈 만큼 성장한다는 평소 지론에 따라 이 악물고 버티고 학업과 문화 숙달에 정진하였다. 부모 마음도 둘도 아닌 하나밖에 없는 아이 고생 없이 키웠는데 넉넉지 못한 뒷받침에 가슴 아파했다. 살면서 다행히 집주인 좋은 사람 만나 경제적 도움을 받고 자립의 틀도 서서히 잡혀 가고 있었다. 한국으로 유학하고 싶어 하는 주인집 아들을 한국어 개인 교습하면서 서로의 필요 부분에서 서로 도움이 되며 운 좋게 관계(官界) 중요 인사들과의 인맥도 생겨 한국 상품을 좋아하는 그 나라 국민성에 맞춰 관계(官界) 인사의 요구에 따라 한국을 수시로 드나들며 상품구매에 관계하면서 경제적으로 서서히 자립이 돼 가는 중이다.

다니던 학교의 배려로 장소를 빌려 한국어 공부를 희망하는 학생들을 모아 한국어를 가르치는 교수가 되었고 학생들이 너무 많이 몰려 버거울 정도였다. 잠자리나 땟거리 걱정하는 옛일 생각하면 얼마나 사치스러운 걱정인가. 희망하는 학생과 가르칠 공간이 해결된 터에 내 노력만 있으면 열매는 다 내 것인 것을! 점점 소문이 나고 가르친 제자들의 또 그 제자들의 부모·형제들의 입소문에 그 학교와 가깝게 있던 항공사 스튜어디스, 커다란 회사 임직원들의 단체교습 희망이 계속돼 날로 부담이 커졌다. 가르쳐서 자격인증시험에 합격시키기까지 한국 교육부 지침을 이행하기가 간단치가 않았다. 많은 사람을 대하다 보니까 정계 관계 중진들까지 접하게 되고 순위 10위에 들 정도의 중요인사들까지 알게 되었고 그들의 요구사항을 한국을 오가며 희망 물품을 차질 없이 거짓 없이 구해 줬고 욕심 없이 주는 대로 받고 일을 꼼꼼하게 처리하는 것을 보고 믿음의 신용이 날로 더했다가 점점 권력이 동반한 힘 있는 무역업자로 성장한 것이다.

외국생활 어언 10년이 가까워져 외국 여자를 아내로 맞아 딸 하나를 두고 행복하게 살고 있다. 아내도 국영은행에 중견간부로서 누구나가 부러워하는 입지로 성장한 것이다. 주위 사람들이 가끔 귀띔을 해 주는 것이 있다. 오해하지 말라고 하면서 잘 살펴보라고 하면서 너희 남편이 좀 이상하다, 어떤 때는 사람을 보고 상냥하게 친절하게 대하는데 어느 때는 인사를 내 쪽에서 먼저 해도 쳐다보면서 본체만체 하면서 아주 기분 좋지 않게 위아래를 보면서 사람을 대하더라, 어찌 보면 좀 정신이 이상한 사람같이 보일 때가 자주 있었다며 잘 살펴보라는 것이다. 그럴 리가 없다고 생각하고 개의치 않았는데, 주위 사람들이 자주 같은 주의를 주는 것이다. 그래서 다시금 잘 생각해 보았다. 어쩌다 마트에 심부름 두세 가지를 사 오라고 시키면 한 가지 이외에는 잊고 그냥 오는 것이었다. 그리고 음식장사를 할 때이니까 식사대를 대신 좀 받으라고 하면 거스름돈을 잘못 주거나 잘못 받는 경우가 허다했다. 숫자 계산에서 뺄셈 계산을 못 하는 것이다.

 어느 날인가 외출했다가 좀 늦게 들어와 보니까 밤 10시가 되었다. 그런데 집안에 있던 칼을 모두 꺼내 놓고 칼을 갈고 있는 것이다. 한밤중에 왜 칼을 갈고 있느냐 하니까, 필요할 때 쓰기 위해서란다. 어쩌다가 운전을 하고 내가 함께 타 시내를 갈 때에도 도저히 사고를 낼 만한 곳이 아니었는데도 자주 가벼운 사고를 내 사람을 피곤하게 만드는 경우가 한두 번이 아니라 점점 정신병을 의심하게 되었고 주위 사람들의 협조로 정밀검사를 의뢰하고 진단결과를 받았는데 빨리 입원을 권유하는 것이다.

점점 증세는 심해져서 심지어 집을 나갔다가 집을 못 찾아오는 상황까지 온 것이다. 평소에도 남편에 도움으로 살림을 한 것이 아니고 내가 주관으로 살림을 하는 중이라 닥칠 병원비가 걱정된 것이다. 주위 지인들의 도움으로 구비서류를 만드는 것에서부터 극빈자 우대 무료치료 입원절차로 입원하기까지 모두 남의 도움을 받은 것이다. 생각해 보면 두고두고 갚아야 할 빚으로 알고 감사해 하며 살고 있다.

3개월에 한 번씩 고지되는 100여만 원에 가까운 치료비는 부유하게 사는 딸이 자원해서 내고 수시로 병문안도 잊지 않는다. 병원생활에 자유가 없고 팔다리를 고정해 놓았으니까 불만이 극에 달했나 보다. 병원에서 탈출하여 한밤 중에 내가 어느 지점에 섰으니까 데리러 와 달라고 전화가 온 것이다. 되지도 않는 갖은 욕설과 살인도 불사할듯 험한 행동으로 혼자서는 도저히 나가지 못하고 병원에 연락해서 재입원시킨 일도 있었다.

증세는 점점 악화일로에 이르렀고 환자 계좌로 입금되는 국가보상지원금은 혹 닥칠 장례비에 쓰고자 놓아 두었더니 시누이 삼촌들이 저희가 관리하고 장례까지 책임지겠노라고 통장을 내놓으라고 하기에 준 바 있다. 20여 년 이상 고생하다가 운명을 달리해 생전에 잘 알고 지낸 스님에게 입적시키고 아들딸 불러 장례 잘 치르고 49재도 딸이 정성껏 모셨다. 모쪼록 저세상에서나 고통 없이 자유롭게 훨훨 날아 마음껏 하고 싶은 짓 다 하며 지내라고 마음속 깊이 빌어 줄 뿐이다.

살아 있는 사람은 살아야 하겠기에 요식업을 하면서 평소 잘 알고 지내던 사람에게 돈을 5천만 원을 빌려 준 적이 있었다. 물론 차용증을 받았고 상환 약속기일이 지나 재촉을 했고 빌려간 사장이 소개하는 작은 땅을 계약하고 중도금을 그 사람으로 하여금 상환케 하고 그 날짜를 어겨 무척 조바심을 내는 모습을 아들이 보고 차용증을 내놓으라고 난리를 치는데 급하게 찾으려니까 어디 두었는지 생각이 나질 않는 것이다. 아들은 돈 빌려간 사람을 만나 20여 살 위 사람에게 앞에서 쌍입을 쓰면서 상환을 재촉한 것이다. 돈이 5천만 원이면 이따위 식당 1년 장사를 해도 못 버는 금액을 차용증도 없이 꾸어준 것이냐면서 나 결혼할 때 집 한 칸이라고 빌릴만한 돈이라도 주지 못하고 아들한테는 못 주며 낯 모를 사장 입에 한 번에 털어 넣었느냐며 너 같은 ○은 죽여야 한다며 밝은 대낮에 낫을 들고 제 어미를 찾아 식당에서 방으로 손님들 다 보는 앞에서, 식당 종업원들 보는 앞에서 식탁 때려 부수고 그릇 내던져 깨트려 가며 난동을 부리는 것이다.

 식당 손님은 하나둘 나가고 종업원들도 일하다 말고 돌아갔다. 아들을 피해서 안방이 아닌 다른 방에 들어가 문을 잠그고 한없이 울었다. 10달간 배 아파 낳은 자식에서 낫으로 찔러 죽인다는 광기의 행동이 저 하나 잘되기만을 빌고 닦은 공이 이렇게 돌아오나 하며 섧게 소리 없이 울고 울었다. 코로나 여파로 국내 들어온 지 1년이 넘도록 도움 없이 체류하면서 설사 제 어미가 잘못이 있다곤 하더라도 이런 패륜은 듣지도 보지도 못한 행동이었다. 돈을 떼여도 내 돈 떼일 건데 왜 네가 그렇게 아까운지 저는 제 아비 병환이 혈압 고지혈인 줄 알지만 내심 제 아비 닮아 같은 병은 아닌지 걱정이 막심이다.

중도금 일자를 많이 넘겨 결국 중도금은 치렀고 큰일 없이 등기 이전이 완료되었다. 결국, 빌려줬던 돈은 아무 일 없이 마무리됐고, 아들이 퍼부었던 그 사장에 대한 악담은 한낱 웃음거리만 된 것이다. 옛말에 참을 인 세 번이면 살인도 면한다고 했는데 그 사장한테 미안한 마음 정중히 전하고 지금은 화해하고 서로 돕는 사이가 됐다. 저는 식당일 돕는다고 하지만 저 없을 때도 잘해 나간 식당인데 오히려 불편만 초래하고 있어 영업에도 지장이었다. 식탁에 고정된 가스레인지 틈새에 어쩌다 오물이 끼었으면 휴지 손가락에 끼워 쑤셔 가며 닦는 등 유난을 부리며 어쩌다 설거지 그릇이 오물이나 고춧가루 하나 묻어 있으면 주방 쪽으로 접시를 내던지며 설거지 깨끗이 하라고 소리소리 지르니까 종업원이 도중에 울고 가는 일이 있어 점심 장사를 접은 때가 있었다.

청결이야 백번도 마다치 않겠지만 제 어미한테 네가 하는 짓이 똑똑지 못하니까 종업원 관리도 못 한다며 나이 70 넘으면 다 요양원에 가야 한다며 종업원 앞에서 제 어미한테 니가 니가 하면서 하대를 일삼는다. 오죽하면 종업원이 경찰에 고발한다고 하는 것을 말린 적이 있다. 저도 제 자식이 귀엽다고 영상통화를 하면서 제 어미에게는 그렇게 불효를 하는지 이해가 안 간다. 어쩌다 아들 차로 마트에 물건을 사러 가다가도 앞차가 예고 없이 급정지를 하여 자칫 사고로 이어질 뻔한 경우가 있었는데 아들이 내려 쫓아가서 대판 큰 싸움이 벌어졌다.

 이런 경우가 자주 일어나니까 내가 어쩌다가 저런 자식을 애지중지 키워 왔을까. 코로나 이전에 다니려 왔을 때는 그런 불효를 한다고 못 느꼈는데 코로나 때문에 보름간 자택 격리 방침 때문에 제집엘 가지 못하고 불편한 일상을 보낸다. 하루는 아들을 앞혀 놓고 말을 했다. 네가 나에게 하는 행동이 아무리 불편하고 서운했어도 이 세상 어느 어머니가 아들과 적이 되겠느냐. 내복이 이것밖에 안 됨을 서럽게 울면서도 나는 그래도 네가 잘되기만을 부처님께 빌고 빌 것이다. 여기 식당 걱정 조금도 하지 말고 너희 집에 가서 너 할 일 열심히 하고 너나 잘 살거라 하였다. 아들이 대답하기를 나는 엄마와 얘기를 하다 보면 나보다는 여동생한테만 정성을 쏟는 것 같고 나를 하대하는 것같이 생각되어 엄마를 죽이고 싶도록 밉단다.

그 얘기를 곱씹으며 그날 밤에 잠을 한숨도 못 잤다. 똑똑한 아들 뒀다고 자부하며 아들 덕 보며 남부럽지 않게 살거라고 기대는 안 했지만 적어도 제 부모에게 불효까지는 않을 것으로 믿고 키운 아들한테 죽이고 싶도록 밉다는 그 말에 남에게 내놓지 못하고 숨어서 이불 뒤집어쓰고 울던 밤이 얼마나 슬프던지 혼자 눈물도 많이 흘렸다. 어느 어머니가 배 아파 아들 낳고 기대 부풀었던 지난날에 오늘 겪는 이 비련을 꿈에나 생각했을까. 제 아비 생각이 나서 혼자 생각에 혹시 제 아비 같은 병은 아닌지 생각도 많이 해 봤다. 누구와 의논하기도 부끄러워 냉가슴 앓듯 밤마다 서러운 것이다. 어느 누가 내 이 심정을 치유할 수 있단 말인가. 스스로 각성만이 치유되는 현실에 현재를 묻고 미래를 답하련다.

슬픔을 꾹꾹 눌러 담아야 하는 상황에서조차 눈물 몇 방울은 끝내 감추지 못했다. 행복을 연구하는 심리학자 소냐 류보머스키 교수는 이렇게 말했다. 한 시간을 행복하게 보내고 싶으면 낮잠을 자라. 하루를 행복하게 살려면 낚시를 가라. 한 달을 행복하게 지내려면 결혼을 해라. 1년을 행복하게 보내려면 집을 사라. 그리고 평생 행복하게 살고 싶으면 남을 도와주며 살아라.

코로나 팬데믹(대유행)을 거치면서 사회적 연결의 가치를 다시금 깨닫게 된다. 아들은 그 나라에 10년 이상을 살면서 그 나라 언어소통을 크나큰 자랑으로 알지만, 갓난아기도 10여 년 어느 나라에나 갖다 놓아도 언어 소통하게 돼 있다. 지금 맺은 인연들도 영원하지 않다는 것을 대비해야 한다. 어떤 이유와 경우에 따라서 변할 수 있다는 것을 염두에 두고 살아야 한다. 그리고 어떤 일을 추진함에 상대방은 나보다 항상 우위에 있고 나는 항상 하수(下手)에 있다고 생각하고 생각해야 실수가 덜함을 잊지 말아야 하는데 내가 제일 똑똑하다고 믿는 자만심이 나를 욕보인다.

옛말에 뛰는 놈 위에 나는 놈 있고 나는 놈 위에 노는 놈 있다고 하였다. 노는 놈 위에 운발 센 놈 있다고 하지 않던

가. 이런 칭칭 시야에서 이기는 방법은 오직 정직과 겸손뿐이다. 정직 앞에서는 떳떳할 수 있고 자신 있게 밀고 나갈 수 있기 때문이다. 겸양은 작지만 크게 보이는 마력의 힘이 있다. 더구나 타향의 일가친지 하나 없이 도와주고 편들어 줄이 하나 없는 사막 천지에 살아남기 위한 확실한 처세술은 인자무적(仁者無敵)이다.

근자에 들어 일도 잘 안 풀리고 마음도 심란하여 시어머니에게 안부를 묻고 가내에 별고 없느냐고 물었다. 얼마 전에 시아버지 산소 봉분에 커다란 구멍이 나서 시멘트를 이겨서 틀어막았노라고 하는 말씀을 들었다. 주위에 가깝게 지내던 스님에게 말을 전했더니 당장 그 구멍을 다시 파내란다. 이 세상과 소통하고 자손들과 소통할 수 있는 통로를 일부러 막아 놓아 일이 잘 풀리지 않는다고 하여 꼭 믿어지지는 않아도 어려운 일도 아니어서 원상복구를 한 적이 있다.

돌아가신 남편이나 아들 생각을 하면서, 산소에 막혔던 구멍을 다시 복구하면서 여러 가지 생각을 했다. 두고 볼 일이다. 피해 갈 수 있으면 피해 가는 것도 일종의 겸양 아닌가? 이후로 더 나쁜 일은 일어나지 않았고 그런대로 위안으로 알고 산다.

　이 세상 어느 부모에게 자식을 차별하는 마음이 있겠나. 애지중지 키울 때, 자라는 과정에서 보고 느낀 바람과 희망이 변하지 않기를 마음 다진다. 남몰래 숨어 울던 슬픈 눈을 누가 볼까 봐 감추고 지낸 지난날을 고쳐 참기로 했다. 나이도 이제 73이면 앉아서 얻어먹을 나이지만 대우받고 봉양받을 생각 추호도 없다. 더구나 이제 능력도 부족하여 자식에게 보탬도 못 된다. 모쪼록 네 처자식 네가 잘 건사해서 남의 신세 지지 말고 잘 살거라. 훗날 나 죽어서 사후처리 이 자식이 못 하면 저 자식이 할 것이니 큰 걱정 안 한다.

　나 살아생전에 필요 경제력은 내 힘으로 장만이 가능하니 그도 걱정 마라. 좀 부족하다 싶었던 딸도 거부(巨富)가 되어 자식 넷씩 두어 대학생이 둘씩 되니 그도 전혀 걱정할 일 없다. 지금도 마음 놓이지 않은 것은 너의 급한 성격으로 사회에서 어떤 실수나 하지 않을까 조마조마할 따름이다.

　네 나이 50이 가까우니 걱정할 나이는 아니다만 어머니의 마음이 안 그렇단다. 90이 넘은 엄마가 70이 넘은 아들에게 차 조심하라고 당부했다는 모정에 아들이 눈물을 흘렸단다. 이 어머니 마음이 그에 못지않으니 잊지 마라. 혹시 일이 잘 풀리지 않거나 마음이 편치 않을 땐 가까운 사찰을 찾아 간절하게 정성을 다해 삼배(三拜)를 올리고 나무아미타불 관세음보살을 세 번 이상 독송하거라. 간절한 정성만큼 지나치지 않는 것이 부처님이시다. 업어 본 제 자식보다 업어 본 제 어미가 더 가벼운 것을 느꼈을 때 나이 든 자식의 후회가 효의 기본이란다.

네 이름에 글월 문 자가 둘이나 있어 공부를 많이 하여야 한다는 어느 스님의 말씀이 기억이 난다. 항상 손에서 책을 놓지 말고 죽을 때까지 신문을 놓지 마라. 세상을 보는 깊이와 넓음이 그 속에 있나니 그 남다름이 두고두고 피어나는 것이다. 네 자식이 귀엽거든 정말 떳떳하게 부모에게 잘 했다고 말할 수 있는지 깊게 깊게 생각해 봐라. 나는 과연 어떻게 살았는지 마음의 거울에 비추어 보아라. 나 죽고 나면 너도 어느새 내 나이 되어 자식이 보낸다는 요양원을 생각해 보아라. 제 몸 편하자고 부모 요양원에 보내는 거지 여느 본 없는 집안에서 요양원에 보내느냐. 요새같이 좋은 세상에 요양보호사 집에 불러 시중들고 자식들이 끼니때마다 봉양하는 것이 본분이지 저 불편하고 바빠 저 못 한다고 병원에 한 달에 돈 100여만 원 갖다 주고 부모 맡겨 놓고 할 일 다했다는 듯한 달에 한 번 정도 의무로 찾아보는 것이 어찌 부모에게 할 짓인가.

  네 이름에 글월 문 자가 두 개씩 있어 공부를 오래오래 많이 하지 않으면 패륜아가 된다는 그 말이 자꾸 마음에 걸린다. 네 입으로 말하던 요양원 보내야 한다는 죽이고 싶도록 밉다는 네 말이 이 어찌 패륜 아닌가. 쓰린 가슴과 서러움 숨긴 울음을 젊을 때 행복하게 키우던 옛 감정 속에 묻고 오늘을 사는 엄마의 마음 표현이 부처님께 올리는 합장이란다. 관세음보살! 나무아미타불!

  너무 돈에 집착하지 마라 돈은 따라오는 것이지 쫓아가선 안 온다. 너무 돈을 쫓다 보면 몸을 다친다. 선한 노력은 하되 순조롭지 않은 것을 조작하거나 눈속임하여 떳떳지 못한 결과를 만들어 부(富)를 만들지 마라. 그것은 부(富)가 아니라 재앙이다. 언젠가는 밝혀지게 되어 있는 것이 이 세상 이치이거늘 잠시 눈속임에 즐거워 마라. 특히 효(孝)와 사랑(愛)에도 위선(僞善)과 가식은 금물이다. 오직 눈물과 정성이 따르지 않은 효와 사랑은 요식행위일 뿐이다. 많이 배우고 출세한 자식은 모두 집 나가고 못 배우고 덜된 자식이 효도한다는 옛말이 있다. 무엇을 말함인지 되새겨 보아라. 크게 성공하여 큰돈 벌고 위세 앞세워 떳떳지 못한 세평이 다르듯 성공보다는 농촌의 농부가 열심히 노력하여 만든 결과에 만족히 사는 평범한 농심 속에 시부모 모시고 애들 알뜰히 키우는 순진한 향촌(鄕村)의 심정(心情)을 고귀히 생각한다.

 남을 따라 하는 행동과 닮아 보려는 유사 삶은 감동을 주지 못한다. 부족하더라도 나만의 정(情)이 담긴 행동이 감동을 부른다. 저는 생전 안 늙을 줄 알고 늙은 부모 하대하던 자식이 곧 닥칠 자기 늙음을 깨닫고 지난날을 후회한들 무슨 소용 있으랴. 늙으면 누구나 죽는다는 천고의 평등 진리 앞에서 모든 행동의 결과는 당대(當代)에 되돌아온다. 불효했던 자식은 저 살아생전에 똑같은 끝을 맞게 된다는 시대다. 효도받고 싶으면 효도해라. 자식은 은연중에 보고 배운단다. 닮아간다. 효도하는 방법만이 아니고 불효하는 방법도 자식이 따라 하는 대물림이 생기는 것이다. 50이 가까운 자식의 불효에 숨어 울든 눈물을 모정에 묻고 평상으로 덮는 자식 감싸기 애정임을 그 누가 알랴.

　죽을 때가 돼서야 후회스러움에 죽을 때 눈도 감지 못하고 죽는 인생이 돼서는 안 된다. 얼마나 후회스러우면 눈을 못 감겠는가? 눈 감는 것조차 남의 힘 빌리지 않으려면 선하게 살아라. 상선약수(上善若水)라 했다. 물 흐르듯이 막히면 돌아서 가고 어떤 물이든지 거부하지 않는 합할 줄 아는 그런 삶을 가져라.

4
혼돈(混沌) chaos 時代(시대)의 希望(희망)!

　1년여가 넘도록 대유행 중인 코로나19 증세가 온 세상을 chaos(카오스: 혼돈: 混沌) 시대로 만들었다. 사회 곳곳이 멈춰졌고 희망은 사라졌고 절망 속에 신음하여 쓰러져 가고 있다. 사회적 거리 두기와 비대면이라는 방역법으로 거리는 한산해졌고 모든 경제활동은 중단됐다. 새로운 친구들과의 만남과 교분으로 심성과 감정이 형성돼야 할 초등학교 학생들까지도 비대면 원격교육으로 성격장애와 학력격차는 시급히 해결해야 할 또 다른 사회문제가 되고 있다. 친구들과 함께 뛰고 뒹굴며 자라야 할 동심의 추억이 사라지고 우울증이 확대되고 부모의 보살핌이 가정의 불화로 이어지는 사회현상 등은 보이지 않는 병폐와 사랑과 믿음으로 이어져야 할 제자와 교사 간의 만남 없는 틈이 자칫 지식전달 매체만으로 남게 될까 봐 우려된다.

　교사의 진심 어린 격려 한마디가 인생 전체를 바꾸는 힘이 될 수 있었던 옛날의 경험들은 다시 보기 힘들 것 같다. 소질과 적성 발견으로 아이의 진로 변경을 바꿀 수 있는 것도 대면 교육에서나 있을 수 있는 업적이었지 않나. 비대면 교육이 아이들 심성발달과 특기 발견 진로방향 제시 등 교육방향을 뒤죽박죽하게 만들었다. 이 보이지 않는 피해가 아이들에게 강요되는 이 시대를 코로나19 팬데믹(pandemic, 대유행) 시대라고 일컫는다. 이 해법이 조속히 진행되어야 원만한 사회인으로 성장 복귀하게 된다.

빗나간 교육으로 성장한 희망을 포기한 청년들의 생활형 범죄가 사회 곳곳에서 발생하고 있다. 엄마찬스 아빠기회로 공정을 지나친 짓밟고 넘어선 특혜의 과정을 보고 자란 피해받은 젊은이가 사회에 던지는 화두는 현 정부에서 그렇게도 외쳤던 공정이 무너졌다는 것이다. 비대면 대학강의로 등록금 반환을 요구하는 학생들의 의견에 수긍하면서도 재정이 허락지 않은 대학 측의 갈등이 또 다른 사회문제가 됐다.

지난 4년여간 편성된 추경예산은 아홉 차례에 130조 원에 달하게 되고, 노무현 이명박 박근혜 정부 14년간 추경을 합한 것 90조 원을 훨씬 웃돈다. 국가부채는 5년간 400조 원 이상 불어나 내년에 1,100조 원에 육박하게 되고 추경이 정치선전용 실탄이 돼 버려 미래세대에게 넘겨줄 유산이 된 것이다. 수십 차례에 걸친 부동산 정책으로 아파트 값은 현 정권 출범 이후 90% 이상 올라 평생 받는 월급을 한 푼 안 쓰고 모아도 아파트 한 채 살 수 없는 현실에 젊은 세대의 절망은 이대남(이십 대 남자)과 이대녀(이십 대 여자)라는 신조어가 생겨났다.

386세대가 현 정부에 중추 요직에서 각종 권한과 불법에 대학 졸업 후 취업 못 해 부모 곁을 떠나지 못하고 삼포 세대(결혼, 출산, 주택구매 포기)가 엘에이치(LH) 땅 투기 사태에 환경노동인권 3대 가치로 집권한 진보에 4.7 양대 보선에서 반란을 한 것이다. 진보에 중추라 했던 이대남, 이대녀 반란에 화들짝 놀라 25세 1급 비서관 채용이 30년 이상의 경력이 필요했던 지난날의 과정을 뛰어넘는 또 다른 불공정이란 논란을 낳았다. 비대면과 5인 이상 모임 금지, 밤 9시 이후 영업 금지 방역법으로 요양원에 모신 부모를 자식이 면회를 못 가고 불효의 눈물로 가슴에 삼키고 자식과 배우자의 얼굴을 못 보고 목소리만 접한 요양원의 부모의 서운함으로 가정사에 파괴까지 만들었다. 사람이 안 다니니까 매출이 없고, 매출이 없으니까 소득이 없어지고, 못 낸 임대료는 선납한 보증금 까먹게 되고, 얼마간 버티다가 결국 사업을 접는 악순환이 빈번하다. 수많은 소상공인의 몰락으로 사회는 무너지고 학생은 학생들대로 젊은이는 젊은이대로 모든 국민이 절망 속에 하루하루를 버틴다.

지난해 추석 연휴에 방송된 비대면 나훈아 가수의 안방 콘서트가 신드롬을 일으킨 바 있다. '테스 형 세상이 왜 이래?'에 열광한 것은 녹슨 국민 가슴속을 시원하게 씻어 줬기 때문이다. 이 세상 어느 나라 집권자치고 제국민 위해 목숨 바친 이 없고 제 재산 국민 위해 헌납한 사람 하나 없고 국민 위해 몸을 바치거나 재산 헌납한 국민은 역사 속에서 보면 평범한 국민이었다. 안중근, 이순신, 윤봉길, 유관순 이들이 진정한 애국자요, 국가를 위해 헌신한 이들로 길이길이 빛나고 있는 것이다. 누구처럼 아홉 차례씩 추경 편성하여 선거 매표용으로 자금 뿌리고 여권성향 180여 석 만들어 여권 단독 부동산 3법 만들어 아파트값, 전셋값 인상 등으로 국민 못살게 하여 놓고 부정행위 수사 방탄용 보험성 해체 인사이동 정치 행위는 국민의 마음을 정말 울리게 만든다. 자기들만 알고 우매한 국민은 모를 거라는 얕은 생각은 어리석기까지 하다.

 고등교육 안 받은 국민 없고 기울어져 가는 이 세상의 지향하는 쪽이 어느 방향인지 국민은 알고 있다. 왜 그렇게 북한 김정은한테 비굴하게까지 모욕을 당하면서도 당당하지 못하였는지 가히 짐작이 간다. 지금 정부의 실정을 덮고 부정행위 수사를 못하게 잠시 늦출 수는 있어도 영원히 덮이라고 생각을 마라. 곪아 썩어지는 상처를 도려내는 약을 써야지 덮어 두면 결국 죽는다. 나라가 망하는 것이다.

 망한다는 것은 국가가 없어지고 공산화에 흡수된다는 것이다. 그들의 말대로 고려연방제가 된다는 것이다. 정권이 바뀌면 잠시 덮어 뒀던 수사하다 만 모든 사건 애초 수사관들을 다시 불러들여 만천하에 공개수사처벌해야 한다. 국민은 그런 사람을 차기 대통령으로 선출할 것이다.

 그 악행을 저질은 인사들 말로가 어딘지 그림 나와 있다.

코로나19 방역지침도 확진자가 100명, 200명 정도 나올 때는 5인 이상 집합 금지 밤 9시 이후 영업 금지로 통제하고 벌금 물리더니 지금 600명, 700명씩 감염자가 나오는데 자정까지 영업 허락하고 6인 이상 모임을 허락하는 것은 기존방역 지침이 위선 아닌가. 방역지침을 정치에 이용하는 것 아닌가. 이 세상 모든 정책이 선거를 위한 혹세무민(惑世誣民: 세상 사람을 미혹하게 하여 속임) 아닌가.

나훈아는 16일부터 18일까지 대구 EXCO 동관 공연을 시작으로 팬들을 다시 만난다. 국민이 왜 이렇게 나훈아 공연에 열광하는가. 쓰리고 아픈 가슴을 고쳐 주기까지는 못하더라도 적어도 정책에 시달리고 180여 석 횡포에 절망하고 방역 정치에 멍들은 국민 마음을 함께 아파하는 그 마음에 열광하는 것이다. 잠시 동안이라도 위안이 되고 마음이 안정되기 때문이다. 마음이 안정되어야 미래를 내다보고 설계를 다시 하고 사회구조를 바꿀 수 있다.

이승만 대통령 자유당 선거구호가 "못 살겠다, 갈아 보자"였다. 지금은 그 시절보다도 더 절박하다. 요사이 필요한 구호는 "이번에 정권 못 바꾸면 국민 다 죽는다"로 하여야 하지 않을까. 희망은 있다. 이미 세상은 바뀌고 있다. 5월 25일 열린 국민의힘 당 대표 후보자들의 비전발표회 무대 배경에 "새로운 미래가 온다"는 표어가 있었다. 산업화 시대와 정보화 시대를 거쳐 이야깃거리와 공감 그리고 상상력이 새로운 생산력인 높은 콘셉트(창조적 상상, HIGH CONCEPT)와 하이터치(공감의 감성력, HIGH TOUCH) 시대에 진입했다.

대니얼 핑크의 책 "새로운 미래가 온다"에 높은 콘셉트와 하이터치에 바탕을 둬야 새로운 그림을 그릴 수 있고 새로운 시대를 열 수 있다고 하였다. 역사를 새로 쓰고자 한다면 자기만의 스토리와 비전을 제시할 수 있도록 높은 콘셉트 첨단기술로 무장해야 하는 까닭이 여기에 있다. 2021년 반환점을 도는 지금 국민의힘 전국 당원 28만여 명의 (대구·경북 30.7%, 부산·울산 24.8%, 합계 55.5%) 대반란이 시작됐다. 5선의 주호영 득표율 16.8%(대구수성갑), 5선의 조경태(부산 사하을) 2.9%, 이준석 37.4%, 나경원 40.9%의 당원투표와 여론조사합산으로 36세의 이준석을 당 대표로 선출했다.

울산 출신 김기현 원내대표와 주호영이나 조경태를 묶으면 도로 영남당으로 대선에 불리할 것을 예견하고 대선 승리를 위해 파격적인 전략투표였다는 것이다. 당지도부 6명 가운데 이준석 대표포함 40대 이하가 4명, 절반이 여성 3명, 최종투표율 45.36%는 유사 이래 보기 드문 유일한 혁신이었다. 이준석 보수혁신의 가치인 공정과 경쟁을 높이 산 것이다. 기회는 평등하고 과정은 공정하며 결과는 정의로울 것이라는 문재인의 가치에 식상해 했고 내로남불이라는 한국발음 영어 활자표기 신조어를 보고 국민의 마음은 국회의원 영(0)선의 이준석을 당 대표로 앉히고 세상을 바꿔야 한다고 준엄한 심판을 한 것이다.

서울·부산 시장보궐 선거에서 서울은 20%, 부산은 30% 차라는 어마어마한 격차로 야당승리로 바꾸어 놓은 것은 세상은 바뀌어 간다는 것이다. 그래서 희망은 있다는 것이다. 이제 사회 구석구석에서 변화는 일어날 것이고 그 변화는 대통령 퇴임 후를 담보하는 보험성 수사방해용 검찰인사 같은 혹세무민(惑世誣民)의 술수로는 안 먹힌다는 것이다. 더는 방역정치로 코로나19 팬데믹 현상도 결국은 물러날 것이고 일상생활은 곧 회복될 것이다. 지난날의 잘못된 정책이나 180석의 단독불법법률 부정방법으로 묻힌 사회 곳곳의 부조리들이 파헤쳐질 것이다. 그런 방향으로 세상은 바뀔 것이요, 그렇게 되기를 간절하게 기원할 것이다. 그래서 가치의 기준도 바뀐다.

어제의 완성이 내일의 완성일 수 없고 어제의 가치기준이 내일의 가치기준이 될 수 없어 변화하는 가치기준에 따라 갈고닦고 변모시켜야 시대를 따라갈 수 있다. 거기에는 네가 아니라 내가 있어야 한다. 내가 변하지 않으면 안 된다. 나부터 변해야 내 사고방식부터 바꾸어야 변화되는 시대 열차에 올라탈 수 있다. 새로운 열린 마음의 과제여야 동조세력을 구할 수 있고 혼자가 아닌 함께이어야 이 사회가 변모할 수 있다. 그 과제는 공익이어야 하고 잠시가 아닌 연속적이어야 한다는 것이다. 그리고 일부가 아닌 대중적이어야 공감을 얻는다는 것이다.

국민의힘 대표인 이준석이 서울과학고 재학 시 "저소득층 아이들을 위한 봉사를 하자"는 취지에 '배움을 나누는 사람들(배나사)'을 동문게시판에 교육봉사단체 결성을 주도 2011년 26세였던 이 대표를 박근혜 대통령이 한나라당 비상대책위원으로 발탁하여 정치에 입문하였다. 이준석이 당 대변인선발 토론대회 "나는 국가대표다(국민의힘 대변인)"를 개최 실력과 능력에 따라 기회를 주겠다고 공개 응모한 정당행사로는 유튜브 누적조회 수 100만 회를 돌파 흥행에 성공했다. 실력으로 경쟁력을 인정받고 기회를 잡을 수 있다는 걸 보여 주고 싶었다.

2030세대 참가자들은 "계급장 떼고 실력과 능력만 보고 자리 주겠다"는 말에 열광했다. 세상은 젊고 매력 있는 보수가 나타나 주기를 고대해 왔다. 이준석 현상에서 그 씨앗이 싹트고 있다. 그래서 희망은 있다고 하는 것이다. 군자는 말로 다른 사람을 이끌고 행동으로 다른 사람을 구하게 한다. 따라서 말을 할 때는 반드시 그 끝을 헤아리고 행동할 때는 반드시 그 폐단을 잘 살핀다면 백성도 말을 신중히 하고 행동을 신중히 할 것이다. 예기(禮記)라는 책에 나오는 공자의 말이다. 그렇지 않으면 민무신불립(民武信不立)이 생긴다. 그리되면 나라도 임금도 설 수가 없다.

지금 민주당 청와대 25세의 박성민 1급 청년예비서관 발탁을 두고 행시에(4급) 합격 후 30여 년쯤에야 될까 말까 한 벼락출세에 '박탈감 닷컴'이라는 웹사이트까지 등장했다. 2030세대에 기회는 평등하고 과정은 공정하며 결과는 정의로울 것이라는 대통령 취임연설을 자기 부정한 것이며 상실감만 안겨 준 꼴이 됐다. 올해 국가 공무원 7급 815명을 뽑는 데 38,947명이 응시(47.8 대 1 경쟁률), 9급 2,300명 뽑는 데 23만 명 넘게 응시(2030청년), 낙방자가 20만 명이 넘는다. 원룸고시원에서 살면서 편의점 도시락만으로 식사하고 고시원 컵+밥으로 끼니를 때우며 시험 준비하느라고 우울하게 지내는 수많은 2030 공무원시험 준비자들은 박탈감으로 호소하고 있다.

코로나 이전부터 심각하던 청년실업은 더 악화돼 공직 청년 실업률은 10% 안팎이고 체감실업률은 25%에 달한다. '일자리 정부'를 자처했는데 일자리는 더 없어졌고 "부동산은 자신 있다"고 했는데 집값은 2배가 됐다. 그러니 정치에 배신당한 젊은이들이 국민의힘 대변인 공모행사인 '나는 국가대표다'에 어찌 열광하지 않겠나.

실력과 능력만으로 평가하는 새로운 제도에 유튜브 누적 조회 수 100만 회 돌파를 만들었다. 아버지의 직장 따라 싱가포르와 인도네시아에 2년간 거주하였고 귀국 후 서울 목동 월촌중학교에 진학했고 국비 장학생으로 미국 하버드대 컴퓨터공학 경제학을 전공 금수저 출신의 수재였고 누군가를 비판하고 싶을 때는 세상에 모든 사람이 다 너처럼 유리한 입장에서 서 있지는 않았다는 것을 기억해 두라는 아버지의 충고가 이준석 인격 형성에 자극을 줬을 거라고 생각된다.

정치에서도 과거식의 정치문법 누가 나오면 어느 지역 세대 계층에서 유리하고 불리하다는 식의 정치 공학적인 계산보다 시대적 변화에 부응하는 새로운 보수주의에 대한 야권 전체의 고민과 정실함이 진정한 정권교체를 원함에 기초해야 한다는 것이다. 다섯 차례에 걸친 추경이 정권의 정치선전용 실탄이 돼 버린 대중영합주의 정치에 크게 감동하지 않고 오히려 앞 세대에서 부채를 유산으로 받을 첫 세대가 되는 이준석 세대에게는 악재다.

4월 7일 서울·부산 시장선거에서 나타난 2030세대의 반란이 말하듯 세상은 바뀌고 있다. 분명히 희망은 있다. 국민은 우매하지 않다. 오히려 현명하다. 저들이 감추고자 하는 것들 막아서고 싶어 하는 사건들 그들이 지향하고자 하는 세상을 보면서 다음 정권을 바꾸지 않으면 안 되는 이유를 그래서 차기 선거를 어떻게 해야겠다는 결심은 이미 섰다. 이 정권에 환멸을 느끼고 있다. 누구를 세워야겠다고 사람까지 정해져 있다. 아무리 얄팍한 계산으로 설계에 의한 공격에도 직접적인 일차적 범죄가 아닌 이상 변함이 없다. 때리면 때릴수록 커지는 것이 있단다. 종(鐘)이란다. 종소리는 때릴수록 그 소리가 멀리 퍼진다. 그 소리는 낮보다는 밤에 더 멀리 간다. 계획된 핍박 속에 공격이 이어질 때 더 멀리 간다는 뜻이다. 갖은 핍박을 겪으며, 또 현재도 겪고 있으며 앞으로도 겪어야 할 과정은 더 크고 육중한 주물로 만들어지는 과정이 될 것이고 밤에 퍼져 나가는 야종성(夜鐘聲)이 될 것이다.

　등에 뒷배 둘러메고 지하철 경유하고 서울시 소유 따릉이를 이용하여 여의도에 도착하는 이 대표를 보고 보여 주기 위한 일회성 모습이 아니고 평소 생활임을 알고 열광했다. 대표경선 과정에서 선거사무실을 차리지 않고 SNS 소통으로만 월등한 압승을 하는 것을 보고 돈 몇십억 원 아꼈다는 놀라움보다 평상시대로 해 오던 관례를 뒤엎고 여태껏 하지 않던 새로운 방법을 창안해 낸 사고(思考)에 열광했던 것이다. 서울시장 유세강연회에 예고 없이 각본 없이 젊은 희망연사를 연단에 올리자고 오세훈 후보에게 강력제안한 이 대표 충언이 크게 좋은 반응을 일으켰음을 오세훈 후보가 감동했듯이 남이 가 보지 않은 새로운 길을 개척한 이 후보에 열광하는 것이다. 그래서 희망은 있다.

국민의힘이 국민공개 오디션 방식으로 진행한 토론배틀 '나는 국가대표다'를 통해 20대 청년 두 명의 대변인으로 확정했다. 30대 대표를 20대 대변인들이 받치는 제일야당 체제가 확정됐다. 지원자의 70%는 2030세대였다. 결승전에 참여한 문자투표자 수는 12만 1,000여 건으로 민주당 대선후보 토론회의 갑절에 가깝다. 꼰대 정당이란 국민의힘에 2030세대의 관심으로 입당하려는 청년들이 줄을 잇는다.

젊은 세대가 정치에 관심을 두는 차원을 넘어서 직접 정치에 참여해 사회와 나라를 바꾸고 미래까지 건설하길 바란다. 간절한 희망을 바란다. 대한민국 전체의 개혁을 바란다. 지쳐 버린 국민은 흐르는 세월 속에 고통과 원망의 앙금까지 함께 흘러 새로운 희망의 새날을 고대한다. 우울하고 무거웠던 지난날의 감정들을 모두 내려놓고 마음속에 새겨놓은 아니 시대가 만들어 준 영웅을 기다린다. 맞이할 것이다. 이 세상 어느 누가 영웅 되길 바라지 않겠느냐마는 아무나 되고 싶어 되는 것이 아니라, 어지럽게 구겨져 풍전등화(風前燈火)의 운명처럼 국가의 체제유지가 절박하고 화급할 때 갖은 불공정 속에 핍박을 견디고 공정 속에 법치만을 초지일관하는 사내를 믿고 따르고 싶어 한다. 요구한다. 너 아니면 안 되겠다고 믿고 싶다. 그가 잘나서가 아니다. 이 어지러운 세상을 너여야만 꺾을 수 있다. 너는 할 수 있다.

 이렇게 시대가 영웅을 만드는 것이다. 만들어지는 것이다. 이 부름은 거역할 수 없는 운명이다. 이 부름 속에 숙명을 받고 순응하여야 한다. 어차피 물러나야 할 시간은 정해져 있다. 아직 법은 존재하니까! 내려오고 싶지 않고 내려온 후에 닥칠 갖은 잘못된 정책과 선거법 불법개입 등의 나쁜 결과를 막으려고 이중삼중으로 막아 놓은 보험성 사법적인 인사 방패막이는 때가 되면 걷어치워질 것이고 세상은 공정의 사회로 바뀔 것이다. 또 바뀌어야 한다. 그러기 위해서 국민은 깊은 물속에 물결이 잔잔하듯이 소리 없는 국민혁명이 일어나고 있는 것이다. 20세기 혁명은 총칼과 함께 피 흘린 혁명이었지만 21세기 혁명은 깊은 물속의 파장이 보이지 않듯이 민주행정권 교체라는 방식의 혁명은 이미 진행되고 있다고 본다. 달갑지 않은 여론조사 결과를 조작하고 보고 싶은 결과를 만들어 내는 여론조사 발표로 여론을 호도하고 조선일보 김동훈 전 논설위원을 회유하는 등 갖은 방법으로 쓰러트리려 애를 써도 국민은 다 알고 있다.

채널A 사건으로 검언유착(檢言誘着)이란 굴레를 씌워 한동훈 검사를 잡으려 했던 추미애 장관의 추태가 채널A 기자의 혐의가 없어 석방되었으니 관련자들 처벌만 남은 것을 어떻게 설명할 것인가. 김대중 대통령이 김정일 한 번 만나고 노벨평화상 타는 것이 부러워 평창올림픽을 이용하여 김정은을 불러 이벤트를 꾸미려 했다가 트럼프 이용하여 판문점 깜짝 이벤트에 숨은 속내는 정녕 무엇인가. 세상만 시끄럽게 호도하고 지오피 철책철거와 각종 한미군사훈련 축소 등 군사안보만 후퇴시킨 결과는 어떻게 설명할 것인가. 일본올림픽을 이용하여 어떤 이벤트를 꾸밀 생각이라면 아예 접어라. 트럼프가 문재인 장단에 이용당해 소득 없이 춤춘 결과 역대 대통령 거의 재선하는 선거에서 버림받은 것은 때늦은 후회였고 다시 집권하면 한미동맹을 없애겠다는 그의 각오는 김정은이 아니라 문재인 때문이라는 원망이다. 앞으로도 누구를 이용하여 어떤 효과를 누리겠다는 깜짝 계획은 금물이다.

2022년 2월 중국을 이용하여(동계올림픽) 김정은과의 만남 이벤트 계획 등은 철 지난 수법이다. 봉황의 참뜻을 참새가 어이 알랴고 생각하고 몇 가지 이벤트가 아무 결과 없이 세금 없애고 사진만 남겼다는 비아냥만 생겼다.

논어에서 공자가 말하기를 "군자는 주이불비(周而不比)하고 소인은 비이부주(比而不周)한다"고 했다. 이 말은 정확히 이해하려면 비(比)와 주(周)의 뜻을 알아야 한다. 비(比)에는 여러 가지 뜻이 있지만 여기서는 친비(親比)라고 할 때의 비다. 풀어 보면 사사롭게 가까운 사람을 따른다는 뜻이다. 사람을 보는 기준이 친하냐, 아껴주느냐, 친애(親愛)하냐에 따라 정해진다. 요즘 식으로 표현하면 '내로남불' 척도로 삼아 처신하는 것이다.

  세상이 얼마나 어지러운가. 어지럽다는 것은 서민 처지에서 보면 못 살겠다는 것이다. 소상공인들의 차량 일인시위는 먹고살기가 어려워 죽기 직전이니 편히 먹고 살게 해 달라는 절규 아닌가. 여기에 인건비 더 올려 달라고 시위하는 8천 명의 민노총 불법은 소상공인의 시위에 비해 얼마나 배부른 귀족노동자의 횡포란 말인가. 또 대통령 후보가 여야 합쳐 20명이 넘는 것은 바로 사회혼란상이 보여 주는 자화상이다. 누구 말마따나 망둥이가 뛰니까 꼴뚜기도 뛴다는 말에 씁쓸하기도 하지만 요즘 세상이 어지러우면 나라와 민족의 장래를 위한 고뇌에 찬 설계를 안고 출마를 하는 것이 아니고 제 개인의 욕심과 영달을 위해서 결정하고 선포하는 것을 보고 민초의 한 사람으로서 걱정이 앞선다.

  누구처럼 감도 안 되는 것이 입만 벌리면 남 욕이나 하고 권력 이용해 죄를 만들어 씌우는 못된 짓만 하다 쫓겨난 주제에 문파들의 전폭 지지를 믿고 나온 바닥의 열세를 보고 무엇을 느꼈을까. 수차례의 전과자가 대통령이 되었을 때 자라나는 청소년들에게 어떻게 가르쳐야 할까. 국격은 어떻게 변할까. 국제 사회에 나가 사는 국민의 자존심은 어떻게 위로해 주어야 하나. 선택은 국민이 한다고 하지만 잘못 선택하는 때도 없지 않다. 물론 컷오프 제도로 걸러낸다지만 재주꾼은 여기서도 빠져나간다. 미꾸라지는 가장 작은 그물망도 빠져나가는 재주가 있듯 이 세상에서는 재주꾼이 너무 많다.

 이참에 바란다. 국회에! 대통령 입후보 자격요건을 20개 항목 정도를 심사해서 선포해라. 이 조항에 걸리면 결격으로 처리하도록 엄한 규정으로 제한하여야 한다. 대통령 하겠다는 사람이 이 정도의 자기관리를 안 해서 되겠는가. 70 평생에 이처럼 대통령감이 많은 시대는 처음이다. 이게 바로 난세다. 누구처럼 선량한 국민 선동해서 촛불로 지새운 국력 낭비는 얼마인가. 세월호 팽목항에 가서 "고맙다"고 말한 이유는 아무리 생각해도 이해 안 가는 처사로 잡은 정권이면 전임자보다는 나아야지 더 나아지기는커녕 이게 나라꼴

이 뭔가. 586 저희들끼리 찢어 나누어 먹고(옵티머스 울산 선거) 네 편 내 편으로 갈라치기 수법으로 나라가 두 동강이 날 지경이니 그간 겪은 국민 고통은 어데서 보상받느냐는 것이다. 물론 차기 선거에서 정권이야 바꾸겠지만, 그간 삶이 너무 억울했다. 임기 후에 영화까지 계획하고 농지 사들여 지목 변경하여 땅값 올리고 평민 이상의 삶을 설계한 그림을 보고 태어나지 말았어야 할 정권이었다고 온 국민이 치를 떤다.

예부터 대통령은 하늘에서 내린다고 했다. 자기 뜻에서가 아니라 국민이 불러내서 국민의 이름으로 대중화로 승화되는 구조 속에서 자라는 이가 있는 것이다. 그런데 국민은 아무나 불러내는 것이 아니고 지나오는 사회생활 속에서 중립적으로 처신하며 어떠한 권력이 압박해도 또 갖은 모함과 누명으로 초유의 이 개월 정직을 당했을 때도 꿋꿋이 법 절차에 힘입어 두 차례씩이나 되돌아오는 그 모습에 그 정권 속속들이를 가장 많이 알 수 있는 너여야만 바뀐 정권 후에라도 고칠 수 있고 파헤칠 수 있다고 믿고 있는 것이다. 그야말로 "사람에 충성하지 않는다"는 명언을 남긴 것은 길이길이 빛날 것이다.

　검찰총장 경제부총리, 감사원장 등을 역임했던 문 정권 중요한 셋(BIG THREE)이 모두 등지고 야당 편에 섰다는 것은 무엇을 의미하는가? 얼굴을 들고 다니지 못할 정도의 수치 아닌가. 그런데도 그 빅 쓰리를 공격하는 그들은 길이 남을 시대적(敵)이다. 명언은 아무 말이나 되는 것이 아니다. 몸소 겪은 굳게 지켜온 또 지켜 갈 결정체의 남겨 둘 단어이어야만 한다. 누구처럼 "기회는 평등하고 과정은 공정하고 결과는 정의로울 것이다"라고 읊은 것은 국어 시험지에 잘 쓴 답안지에 지나지 않는다. 건건이 구석구석 반대로만 갔던 추행에 온 국민이 진저리를 친다. 듣기 좋은 말을 혓바닥으로 내뱉는 것은 귀만 즐거울 뿐이다. 명언(名言)이 아니라 망언(妄言)이다. 그 정권에 속해 있던 사람이니까, 더구나 사회 구석구석의 적폐를 가장 많이 알고 있는 사람인 너여야 세상을 바꿀 수 있다고 국민은 생각하고 있다. 희망을 품고 있는 것이다.

　가벼운 여자의 입으로 입만 열면 냄새나는 소리를 하는 것은 한낱 버릇이었나. 국민은 소리 없이 굳어져 가고 있다. 날 좋은 날 내리는 눈이 쌓이지 않고 녹고 없어지는 것은 눈의 차가움(여자의 독점)보다 대지의 지열(國民의 믿음)이 더 높기 때문이다. 문파 빼고 대부분 민심은 돌아섰다. 난세(亂世)여! 안녕! 세기에 한번 겨우 있을까 말까 한 이 거룩한 국민 부름에 어찌 마다하겠는가? 엑스파일 장모 구속, 쥴리 파문, 수많은 기획수사는 예견된 또 하나의 내로남불이다. 자기편에 속해 있을 때는 감싸고 들던 그 옛날에 같은 건을 재해석하고 얼굴에 먹칠하기 위한 내로남불의 실체가 아닌가.

오래된 교수들 사이에서 오가던 우스갯소리가 있다.

젊었을 때는 아는 거 모르는 것 다 가르치고, 그다음엔 아는 것만 가르치고, 그다음에 필요한 것만 가르치고, 맨 나중엔 기억나는 것만 가르친다.

2018년 민주당 대표 추미애의 발언으로 시작한 드루킹 댓글 여론조작(킹크랩 사건) 사건이 대법원 선고로 친문적자인 경남지사(김경수)의 직이 면제되고 갇히지 않았나. 불법여론 조작의 가장 큰 수혜자가 문재인 대통령 당선이었다면 조작된 당선은 무효 아닌가. 6개월 내에 종

결지었어야 할 재판을 2년여 이상을 끌고 간 것은 교수가 필요한 것만 가르치는 것과 같지 않은가. 저 필요한 대로 재판기일을 늦추고 입맛에 맞는 판결을 내리도록 압력행사 하는 등 김명수 사법부의 불신이 땅에 떨어졌다.

책 도둑과 꽃 도둑은 도둑이 아니라지만 훔쳤으면 도둑이다. 책과 꽃이 선한 것이라 그럴싸하게 합리화했을 뿐이다. 대통령직을 여론조작으로 훔친 것이 확인됐으니 또 훔친 직으로 세상을 이렇게 어지럽게 만들어 놓고 전 국민 못살게 하여 놓고 역으로 대답했으니 그 죄를 어이 갚을까. 언젠가 보전신청 중인 100군데가 넘는 투표함이 열리는 날이 있어야 한다고 믿는다. 180여 석의 힘으로 밀어붙인 각종 악법으로 인한 피해는 역사상 커다란 오점으로 기록될 것이다. 젊은이들이 이러한 기획된 오류들을 보고 자라면서 그들은 어떻게 생각할까. 학생 수는 줄어서 폐교를 심각하게 고려 중인데 새로 짓는 대학은 누구의 검증되지 않은 한 사람의 뜻에 의한 시대역행적인 폭정이고 인구는 절벽으로 감소 중인데 공무원 숫자 늘려 취업자 수 늘었다고 자랑하고 학생 수가 줄어서 고심 중인데 교무행정공무원 숫자가 대폭 늘어나 취업자 수 늘리겠다는 가짜취업 통계 위한 위선 아닌가. 가장 쉬운 방법의 세금 퍼붓기로 고친 통계 이후 나라 살림은 채용 후 30~35년간 부채를 후대에 유산으로 물려주는 악정이고 적폐 아닌가. 모 유튜브에 의하면 총선완승의 기획설계 책임자인 양○○은 벌써 세상이 뒤집힐 것을 예견하고 출국했다는 설이 파다하니 좋은 머리로 결과 뒤집어 만들고 통계조작으로 정부찬양 만들어 20년 연속 정부 만들겠다는 그의 야심작은 철퇴를 맞았다.

채널A 기자 주제판결과 드루킹 여론조작 사건판결로 그래도 이 세상에는 희망이 있다. 더 이상은 안 속는다. 속이는 사람보다 속아 주는 사람이 더 나쁘다고 했다. 앞으로 있을 선거감시는 전 국민적인 감시가 있을 것이고 이런 폭정을 만들도록 묵인했던 국민 눈빛이 달라졌다는 것이다. 문파들 빼고 전 국민 의식이 깨어 있다는 것이다. 이러다간 후세들에게 빚더미만 안겨 주고 사회주의를 유산으로 남길지 모른다는 우려 속에 더 이상의 현 정권 연장은 안 된다고 팔을 걷어붙였다. 지금 떠오르는 그를 정점으로 크게 두

텁게 표를 모아 180여 석의 의원이 함부로 못하도록 힘을 키워 줄 일이다.

  대통령선거 2년 후면 총선이다. 차기 총선을 생각하지 않을 수 없는 현실이고 보면 여야당 좌우 양쪽에서 헤쳐 모인 좌우의원들로 새 시대를 설계할 수 있다. 악질 의원은 차기 총선에서 배척하는 공공연한 공개로 정정당당한 사회구조 의회구조로 탈바꿈할 수 있어진다. 그래서 희망은 있다. 이 나라의 운명의 갈림길이 지금 이 시대에 있다. 다 넘어간 것 같아도 아직 멀었다. 지금 이 시국을 바로잡겠다는 그가 있는 한 절대적인 희망은 있다. 희망은 있다. 미래가 있다. 우리 모두 한마음으로 나가 맞는다!

5
난세(亂世)에 영웅(英雄)이 나타난다!

　사회가 혼란스러울 땐 구성원들의 신경은 날카로울 수밖에 없다. 혼란은 바꾸어서 볼 때 고통이고 괴로움이다. 이러한 현상에서 탈바꿈하고 싶고 개선을 찾는 것이 인간 본연의 욕구이다. 20명이 넘는 주자 중에서 누가 국민 마음을 잡을 것인가. 잡는 것이 아니라 누가 고통을 함께하고 국민이 치유할 수 있는(마음을 치유) 과제(의제)를 제시할 것인가. 제지하기 이전에 그가 겪어 온 과정에서 어떠한 모습을 보였는가. 단순히 저 살기 위한 좁은 의미의 방어가 아니라, 대중 속에 파묻히고 대중을 끌고 갈 수 있는 대중의 마음에 동화되어 함께 울어 줄 수 있는 희망을 줄 수 있는 자가 누구인가. 제 개인의 성공을 위해서가 아니고 국민을 위해서 제 몸을 불사를 수 있는 자는 누구인가.

　대부분 주자는 제 개인의 욕망을 위해서 누구의 동조가 아니라 제 개인의 출세욕을 위해서 민족의 앞날을 책임져야 할 먼 미래의 비전 없이 정치공학적인 단견에서 출발한 인사들뿐이다. 직무수행 중에 두 차례에 걸쳐 직무를 배제당하고 식물 직위를 이겨 내 가면서 대통령까지 재가를 거쳐 내려진 2개월 정직의 인사 조처를 절차에 의해서 정해진 법치로 직무를 회복한 1년여간의 수난을 겪은 이 대통령의 의중까지도 뒤집을 수 있는 그 용기와 기개에 온 국민은 환호했고 그 개인의 권한을 넘어 그가 속한 조직의 권한마저 경찰에 넘기고 공수처로 넘기는 검수완박(檢搜完剝, 검찰수사권완전박탈)의 사태가 한창일 때 개인의 영달을 위해서가 아닌 조직의 앞날을 위해서 온몸을 던졌을 때(검찰총장직 사직 시) 국민은 환호했다. 그래! 네가 바로 나라를 이끌어야 한다. 그 참고 기다리며 1년간에 걸쳐 그 수많은 수모를 겪으면서도 입에 못 담을 거친 욕 한마디 없이 법치로 직권회복 과정을 지켜본 국민은 민주당 문파와 그들을 추종하는 세력 외에 국민 대다수는 지역불문 세대불문 환호하는 것이다.

더구나 정치선언을 하면서 정권교체를 이루지 못하면 개악과(改惡) 파괴를 개혁이라 말하고 독재와 전제를 민주주

의라 말하는 선동가들과 부패한 이권카르텔(이권집단)로 지금보다 더욱 판치는 나라가 되어 국민이 오랫동안 고통을 받을 것이다. 그야말로 부패완판(腐敗完判) 대한민국이 될 것이라고 성토했다. 문재인 정권에 대한 윤석열의 공소장이다. 아니 전 국민이 함께 낸 공소장이다.

국민은 너만이 할 수 있는 국민 숙제다. 시대적 과업이다. 네가 짊어지고 가야 할 숙명이다. 국민은 이렇게 간절하게 바라고 있다. 이 시기를 놓치면 대한민국은 망한다. 영영이 지구상에서 없어질지도 모른다. 현재도 거의 망가졌다. 각종 통계 입맛에 맞게 뜯어고치고 여론조사 조작하여 국민의 알권리를 호도하여 자화자찬으로 정국의 흐름을 바꿔 태어나지 말았어야 할 정권이 태어나도록 도운 사실이(김경수 경남지사, 대선 댓글조작 사건) 대법원에서 징역 2년이 확정되기까지 1,062일이 걸렸다. 그렇게도 숨기고 싶었던 판결이었는데 판결 이틀 전에 '윤석열이 듣습니다' 정책 행보를 대구를 찾아 코로나로 대구가 지역봉쇄까지 검토했다던 사실을 두고 미친 짓이고 민란(民亂)이 일어날 수도 있었던 사안이라고까지 화두를 던진 것은 이틀 후에 이심판결을 뒤집는 판결이 나올 때는 행동해야 할 지침서가 아니었을까!

박근혜 대통령 방문 시보다도 더 많은 인파가 모인 것은 무엇을 의미하는가. 대법원장이 판결 전에 전화를 했다는 유튜브 전언도 무엇을 말함인지 안 봐도 척이다. 요사이 판사들은 바보인가. 정국 흐름이 눈에 보이는데 2심까지 난 판결을 왜 뒤집을까. 법리적으로 타당하고 사실인 것을! 이심과 같이 형량을 판결하고 대선결과에는 아무 영향을 주지 않는다는 한 줄 삽입으로 정권에 충성한 미래정권과 현 정권에 양다리 걸치기 비굴한 처사임을 국민은 다 안다. 오죽하면 7월 23일자 조선일보 A34 면에 국민혁명당 대표 전광훈 명의로 문재인 탄핵(彈劾)사유 12가지를 보면 첫째가 한미 동맹파괴, 둘째 소득주도 경제파괴, 셋째 국군무장해제 안보 해제, 넷째 국내 원전 파괴 북한 원전 건설, 다섯째 사대강 보(洑) 해체, 여섯째 국제외교 왕따, 일곱째 문재인의 간첩 사상, 여덟째 청년실업, 자영업파탄, 아홉째 코로나 사기 부정선거, 열 번째 헌법 건국부정, 열한 번째 미국, 일본 국제사회와 함께하는 자유동맹 파괴 러시아로 가는 공산동맹 시도, 열두 번째 정치 경제 사회군사, 교육 법원 검찰 언론 시민단체 문화예술을 히틀러 식으로 완전장악 공산 사회주의로 사유화 등을 제시했다.

이렇게 어지러운 세상을 바로잡을 이 유튜브 영상에서 보듯이 바닥에서부터 싸리비로 싹싹 쓸어 내고 위로는 칼로 속속들이 잘라 낼 수 있는 이 너뿐이라고 믿어 무한한 위임을 준다. 그 영상에 국민은 후련함을 느낀다. 뉴스에 윤석열이 6월 27일에 정치참여 선언이 있을 것이란 소식을 접할 때 불길했었다. 27일 일진이 병오일(말날)이라 쥐띠에 해롭다. 장모구속으로 자연스레 29일로 연기됐음이 오히려 전화위복이었다. 그날도 일진보다는 발표 시간이 오후 1시(정모 12시 말시)를 피한 것으로 정한 것이 행운이었다.

옛 선조로부터 지켜 내려온 십간 십이지법도 피해 갈 수 있으면 피해 가는 것이 상책이요, 나쁘다는 날 일부러 택할 이유까지는 없지 않은가? 정책발표도 기왕이면 탄핵 12가지 사유를 구체적인 방법을 붙여(어떻게) 되도록 느지막하게 발표한다면(어차피 지금은 지지율 현상유지를 목표) 전 국민 지지율이 폭발할 것이다. 어차피 승부는 10월 이후다.

10월 이후부터는 계속 오름세를 만들어야 한다. 리더(Leader)란 모든 일에 무한책임을 지는 사람이다. 책임은 리더가 지고 공은 아랫사람에게 돌려라 나에게 엄격하고 남에게 관대해라. 겸손하고 정직해라. 구성원들을 공정하게 대하라 결단력 있게 행동하라. 실수와 실패에서 배워라. 이것이 지도력(Leader ship)이다. 알면서도 못했던 것들! 역대 누구도 감히 손을 못 댄 것들! 세상이 뒤집어질 만큼의 큰일을 감히 제언한다. 첫째 국회의원 숫자를 OECD 기준으로 줄여라. 급여도 OECD 기준으로 맞춰라. 숫자는 200명선, 급여는 1/3 삭감, 신분 특별우대 폐지(업무수행에 꼭 필요 부분은 유지), 윤석열이 국민의힘으로 가지 말고 국민혁명당 같은 곳으로 가서 정책발표와 함께 정당 헤쳐 모여! 로 선포하되 날짜를 미리 정하고 희망자에 한하여 내부 검토를 거쳐 민주당 이탈 희망자, 국민의힘 희망자, 원외자 모두를 아우를 때 세상이 뒤집어질 것이다.

  민주당에 때 묻지 않은 초선의원 100여 명 이상 그 외 뜻 있는 소수, 국민의힘에서 현재 의사를 비친 인사들 60여 명 그 외인사들 원외 인사들 합치면 제일 당이 어렵지 않다. 세상에 한 번도 가 보지 않은 길이라 난관이 왜 없겠냐마는 개혁에는 난관이 반드시 있는 법! 이 어려운 일에 뛰어들 수 있는 용기와 안목과 능력이 필요하다. 너무 소심해도 안 되고 예측되는 불안에 겁먹고 시도도 못 해 보고 현실에 안주하는 지도자는 혁명을 못 한다. 내 한 몸 국가를 위해 국민을 위해 불사른다는 각오 없이는 이 세상을 못 바꾼다. 우리나라에서 맨주먹으로 크게 성공한 정주영 씨의 집념의 남긴 말 "이봐! 해 봤어?" 이 짧은 한마디가 그의 성공비결이고 성공철학이다. 그는 성공했고 무모하리만큼 부딪혔고 실패했을 땐 again(다시, 반복)이 그의 철학이다.

물론 선거구 조정에서부터 복잡하고 어려운 문제가 많겠지만 머리 좋은 사람을 많이 채용하여 심혈을 기울이면 못할 것도 없다. 이렇게만 된다면 세상 뒤집어진다. 지역구 조정도 동시에 발표되면 살고자 하는 초선은 거의 나온다. 다선의원 골수들만 남고 현 300여 석 중 150석 일당이 무난하다고 생각되고 이번 심사를 거쳐 모이는(심사기준 동시 발표) 자는 모두 살린다고 보장을 발표한다면 그야말로 정계개편을 이룰 것이다.

의원 숫자에 목말라 심사기준이 느슨할 때는 이미지에 먹칠한다. 누가 봐도 파렴치한 인사, 비도적인인사, 각종 투기에 몸담았던 자, 규명되지 않은 돈 많은 자는 모두 걸러야 한다. 그래야 신당이 새로워진다. 일개인의 희망이고 바람이지만 취사선택하되 모쪼록 정권교체와 더불어 새로운 세상이 펼쳐지기를 고대한다. 이로써 작은 정부와 고비용의 정부를 저비용으로 전환하여 효율화를 극대화하는 데 일조하고자 함이었다.

물론 거기에서는 대통령의 급여도 OECD에 평균에 버금가는 자진반납도 곁들여야 함은 당연 처사다. 여기에 더 곁들인다면 국회의원의 먹잇감이다 싶은 도 단위 이상만 남기고 도 단위 이하(군단위)의 의회의원제도 폐지도 검토할 만하다. 효율 면에서 비용만큼의 생산적이지 않다는 데 문제가 있는 것이다. 그로 인한 많은 부작용과 능력 부족 인사들의 친목회화하듯 모임이 됐다. 정치개혁은 임기 시작과 함께 시작하는 것이 가장 바람직하다. 봉사직으로 전환한다든지 아니면 군단위 과장급으로 급여를 맞추는 것으로 신분조정이 필요하다. 실제 관계 직원들의 따르면 직원들보다도 못한 지식보유자가 정책 감시나 시도 때도 없이 요구하는 자료제출 요구로 내심으로는 동네 이장 정도 되는 실력으로 행정에 걸림돌이 된다는 평이 많은 것이다. 검토해 볼 만한 분야임에는 틀림이 없다.

요사이 윤석열의 지지율이 주춤한다고 하지만 크게 걱정할 일 아니다. 어떻게 매번 계속 오르기만 한단 말인가. 정책결정 발표와 정치개혁을 동반한 발표가 동시에 발표되면 급상승할 것이라고 확신한다. 그동안에는 '윤석열이 듣습니다' 일정에 따라 문재인이 버린 사람, 버린 사업 중심으로 꾸준히 더 많이 더 부지런히 만나고 말을 듣고 많이 언론에 흘려라. 지지율이 잠시 떨어지는 이유로는 첫째 검찰개혁 이슈가 소강 국면이라는 점, 둘째 민주당이 경선 중이라는 점, 셋째 국민의힘도 경선국면으로 들어가고 있다는 점, 넷째 네거티브(악성루머) 공격이 집중되었다는 점, 다섯째 중도를 사로잡은 비전과 메시지가 없다는 이유가 있겠지만 크게 걱정할 이유는 없다. 요사이 여론조사 결과를 믿지 않는 분위기다. 대선 댓글 사건이 대법원 유죄판결이 나왔는데도 문재인 지지율이 올랐다고? 이낙연이 윤석열을 이긴다고? 제 입맛대로 조절하는 것을 누가 모르겠나!

문무대왕함 청해부대 승무원 301명 중 90%가 코로나19에 감염되어 전원 철수했는데 헬기를 급파한 대통령이 잘했다고 지지율이 올랐다? 누가 봐도 지지율 하락 사유인데 오히려 올랐다? 아예 안 믿는다. 하지만 아무리 장난을 쳐도 민심은 거스르지 못한다. 장하성 친동생의 2,500억 원의 사기사건으로 출국금지 장하성까지 연루의혹! 총선 부정 선거의혹과 관련 부자재투표지 제조자 조해주의 내부고발로 출국 금지! 어마어마한 일들이 자꾸 터지는데 이 또한 천우신조(天佑神助) 아닌가. 7월 24일 서울 시내 중요 요지마다 '문재인 물러가라'는 벽보를 보고 무슨 생각을 할까. 여론조작 판명 났고 부정선거 확인되었고 청해부대 요원에겐 백신을 안 보낸 대통령이 북한에 백신 보내겠다는 말은 국민혁명당 탄핵 일곱 번째 사유 아닌가? 국민은 아우성이다. 2022년 3월 9일이 아니고 지금 당장 하야(퇴장)하라는 것이다. 개인의 비참함을 넘어 국가의 망신이고 민족에 슬픔이다. 국민마음이 편치 않고 불안하고 초조한 가운데 하루를 살기가 힘들다.

 나는 자영업자다. 장사는 안되고 빚은 자꾸 늘어만 가고 제 돈 주는 양 생색내며 주는 재난지원금도 전혀 반갑지가 않다. 도움도 되지 않는 데다 매표자금으로밖에 생각되지 않는 것은 나만의 잘못된 생각일까! 잡은 고기 나누어 주며 식상한 마음을 달래 주기보다는 고기 잡는 방법을 가르쳐 스스로 살아가는 방법을 알려 주는 것이 국민교육 방법이다. 그 타개책은 백신공급밖에 없다. 마스크 벗은 국가가 늘어가는데 4차대 유행에 하루 1,500~1,600명씩이라니! 보이지 않은 미래에 국민은 지쳐만 간다. 더 빠르게! 더 높이 더 힘차게를 신조로 하는 올림픽 정신이 신분의 한계를 넘어 소통하는 기회를 제공하고 사회단결의 수단이 됐듯이 백신확보에 절박한 프로정신이 필요했지 않았나?

 철학자 '키르케고르'는 나태함이라야말로 창의적 통찰력과 상상력의 열쇠라고 믿었다. 어쨌든 지금 백신 부족 현상은 대통령을 비롯한 관련 부처 공직자의 나태함 아니던가? 국민의 심정은 이렇게 조작된 여론조작으로 여론조사 발표를 믿지 않고 백신신청을 위한 길게 늘어진 줄을 보고 수

차례 발표한 백신수급 발표를 믿지 못하고 있을 때 8,800만 건의 댓글로 여론 조작한 김경수 경남지사의 2년 징역 대법 판결은 그나마 정의가 살아 있다는 증거로 보여 위안으로 삼아 희망이 됐다. 문재인 대통령의 당선은 장물 아닌가. 뿌린 대로 거둔다. 진실은, 죄와 벌(罪와罰)은 아무리 늦어도 있어야 할 자리로 돌아오기 마련이란다. 그게 세상 이치다.

2021년 6월 26일 윤석열의 정치자금 후원모금액 25억 6,545만 원이 20시간 만에 채워졌다. 대통령 선거 필요자금 513억 900만 원의 5% 제한액이다. 총 21,279명이 후원했고 79%가 개미후원자였음을 발표로 정권교체의 마중물임을 증명된 셈 아닌가. 제아무리 이재명, 이낙연이 윤석열을 이긴다고 발표했어도 후원모금에서 반증됐듯이 탄로가 난 것이다. 이재명, 이낙연이 아직 후원금을 채우지 못하지 않았나. 그릇의 차이고 정권교체의 열망 아닌가. 이런 판국에 언론보도에 대해 피해액에 최대 5배에 징벌적 배상을 물릴 수 있게 한 '언론봉쇄법'을 8월 중 본회의 처리 예정으로 언론에 재갈을 물리려고 대선을 앞두고 밀어붙일

태세와 언론의 입을 봉쇄하려는 것이다. 한국기자 협회, 신문방송 편집인협회, 신문협회 등은 언론자유를 억압하고 국민의 알권리를 침해하는 악법이라고 했고 언론노조도 무차별 소송을 부추긴다고 비판했다.

징벌적 손해와 기사 차단 등을 법으로 규정한 사례가 없다고 입법조사처가 말했다. 더는 언론자유국이라고 할 수 없다. 지난날의 과거를 뒤돌아보면 언론을 탄압한 정부는 망한다. 180여 명의 우군 의원숫자 믿고 밀어붙인 부동산 3법이 실패했듯이, 언론봉쇄법 제정으로 폭망할 것을 왜 몰라보는가. 전 국민이 먹고살기가 어렵고 희망 없이 불안하게 살아가고 있고 하늘이 점지해 준다는 일국의 대통령을 하겠다는 사람들이 20여 명 이상이 물고 씹고 정국은 날로 깊은 늪으로 빠져들고 있는 형국에서 이 난세에 믿고 맡기고 싶은 맷집 좋은 사나이, 때려도 때려도 움츠러들지 않고 오히려 더 멀리 더 크게 울려 퍼지는 종(鐘)과 같은 사나이, 갖은 음해와 기획된 네거티브(장모구속, 쥴리의 조작, 엑스파일, 종로벽화 추문 등)에도 조금도 흔들리지 않는 뚝심이 오히려 확고하게 상승한 신분으로의 제일야당 대통령 후보에게 큰 희망을 품는다. 일컬어 영웅(英雄)이라고 한다.

앞으로 얼마나 많은 기획 음모 네거티브가 있을지라도 절대 말려들지 않고 당당히 헤쳐 나갈 준비와 능력이 있음을 우리 국민은 알고 있다. 그렇게 믿고 싶다. 이 어려운 세상을! 이 풍진(風塵)세상을 뚫고 나갈 힘은 오직 능력이고 믿음이다. 제일 먼저 찾은 '윤석열이 듣습니다' 월성 원전 현장으로 국민의 환호와 전 세계에 던지는 메시지는 그 파급효과는 지대하다. 대한민국의 유력후보라는 것은 전 세계가 다 안다. 원자력 발전의 활성화의 필요성을 전 세계에 화두로 던지고 국내 산업의 재건을 천명함은 기울어 가는 한국전력의 재무구조 개선희망과 우수한 기능인력의 국외유출 방지, 관련 학과 재학 중인 재학생들의 희망에 찬 학습인력 확충 문재인 정부기간 쇠락했던 산업재생을 구조조정으로 밀려났던 인력정비 이후 말할 수 없는 만큼의 큰 파장이 일어날 것이다. 이것이 윤석열의 효과다. 희망이다. 산업에! 인력에! 학습연구에! 청년희망에! 큰 변화를 예고한 것이다.

수도거성(水倒渠成)이라고 했다. 물이 지나간 곳은 반드시 도랑이 생긴다는 뜻이다. 흔적이 남는다는 뜻이다. 아픈 상처로 얼룩진 광주를 찾은 것은 여권의 전유물화되었던 고정텃밭인 지역의 방문이라는 점에서 그 시사하는 바가 크다. 아픔은 여권만의 아픔만이 아니요, 나눌 수 있고 함께 치유해 나갈 미래이기도 한 현상에 진실로 손잡아 주고 일으켜 세워 줄 행보에 정치색을 띤 일부 세력보다 많은 단체로부터 받은 찬사는 광주의 아픔을 함께 나눠 달라는 동의에 표시이기도 한 것이다.

광주에 갔던 야권참여가 계속 박대를 당했던 지난 과거와 달리 엄청난 환대를 받은 것은 시대상의 변화 때문에서가 아니라 진실의 접근이 통했기 때문이다. 오늘까지의 지나온 윤석열의 말과 행동에 문을 열어 준 것이라고 생각된다. 지금까지 여권에서 보여 준 것이 아닌 새로운 각도의 윤석열 방법에 치유를 바라고 광주를 바꾸어 달라는 표시 아닌가. 광주 상처와 전혀 아무 상관도 없는 인사들의 숟가락만 얹는 날치기 수법으로 보상금 타 먹고 누군가의 보상이었어야 할 세금을 권력으로 가로챈 그런 인사들 명단에서 골라내어 순수한 광주를 만들어야 할 미래를 염원한 것은 아닐까. 거기에 윤석열의 미래를 껴안은 것이리라. 어쨌든 광주도 더 깨끗이 더 순수하게 정치색깔 배제된 진정한 광주로 다시 태어나야 하고 새로운 차원의 광주로 치유돼야 한다.

이번에는 부산(釜山) 방문이다. 신성한 시정업무 시간에 하급여직원 희롱한 시장의 저질스러운 추한 행동으로 치러진 보궐선거의 30% 차로 당선된 국민의힘 시장의 안내로 구름같이 모인 한영인파로 인산인해(人山人海)다. 의도적인 편파방송으로 알 수 없는 실상을 극성 지지자 유튜브(홍철기)인 봉사로 알고 싶어 하는 나 같은 민초(民草)들도 속속들이 알고 있다. 저마다 다른 삶의 냄새가 음축돼 환영의 빛깔로 변해 진실한 만남이었다. 이렇게 살기 힘든 세상은 처음이었고 기한도 없이 희생만 강요하는 현실에 잃어버린 희망을 되살려 준 세상을 바꿔 줄 이에 대한 무한한 기대가 울음으로 바뀐 것이다. 생각된다. 얼마나 간절했으면 울음이 나왔을까. 아니 하나둘도 아니고 많은 사람이 같이 울었을까. 그러한 울음 속에 응축된 바람은 무엇이었을까. 윤석열은 그 울음 속에서 어떤 빛깔을 보았을까. 아마도 파란 빛깔의 희망의 눈빛으로 응답했으리라. 그 응답이 고마워서 희망을 품을 수 있어서 또 울었을 것이다.

삶의 현장인 자갈치 시장에서, 또 도깨비 시장에서 여태까지 보지 못했던 아줌마들의 색다른 울음 현상에서 또 다른 희망의 현장을 보고 집권정부는 어떻게 평가할까. 그렇게도 부산 시민 민심을 잡겠다고 모든 안전 검증절차 무시하고 밀어붙인 가덕도 신공항 결정으로 몇십 배 초과하는 세금낭비는 어쩔 것이며 반갑지도 않은 민심 이변으로 답한 보궐 선거 결과는 어떻게 답할 것인가. 가덕도에 미리 땅 사 놓고 몇십 배 뻥튀길 얕은 속마음 안고 평소 가덕도 신공항을 부르짖은 퇴직시장의 행동을 부산 시민은 어떻게 평가할까. 잘하겠노라고 부르짖던 그 소리가 시정이 아닌 저 개인의 부의 축적이었음이 여실히 드러난 지금, 어떻게 낯을 들고 이 세상을 살까. 그는 자기 처자식들에게 어떻게 변명할까. 이렇게 잘못으로 판명된 가덕도 신공항 추진은 집권당의 결정이니 계속 밀어붙일 것인가. 깨끗이 잘못을 인정하고 세금 낭비하지 않은 용기는 없는가. 실패를 인정할 수 있는 용기는 또 다른 성공을 찾는 과정이고 결심의 표정 아닌가! 이 모든 과제를 짊어지고 희망의 오아시스를 찾아가야 할 윤석열호의 멀고 긴 항해에 무한한 기대를 보낸다.

엊그제 7월 30일에 윤석열은 국민의힘에 전격 입당(入黨)했다. 당 대표인 이준석은 지방에 내려갔고 원내총무는 휴가 중인 30일에 사전에 입당 하루 이틀 전에 미리 알려 준다는 약속을 깨고 예고 없이 권영세 위원장을 만나 입당원서를 썼다. 유튜버들이 말하기를 8월 2일 입당을 예견했지만 예고 없이 앞당겨졌다. 8월 2일은 임오(壬午)일로 말(馬)날이다. 쥐띠인 윤석열에게 해롭다. 30일은 기묘일(己卯 日)로 임오일보다는 낫다. 될 사람은 이렇게 해로운 삶을 피해 간다. 어느 달력이건 맨 뒷장을 보면 삼재명(三災名) 상충살(相衝薩) 원진살 복단일등을 풀이해 놓았다. 쥐띠와 말띠는 상충살(相衝薩)로 서로 부딪힌다. 쥐가 말의 콧구멍으로 잘못 들어가면 말은 죽는다. 물론 쥐도 죽는다. 서로 해롭다. 피해 갈 수 있다면 피해 가야지 왜 굳이 해롭다는 날을 택한 이유는 없지 않은가. 마침 금상첨화다. 이래서 윤석열이 희망이 있다고 감히 말한다.

왜 하필 대표도 없는 날 입당을 했느냐, 그렇게 야당 대표 동선을 몰랐느냐, 말도 있지만 일을 저질러 놓고 보는 것이다. 조금 수정해야 할 점이 있다면 그 후에 수정하면 되는 것이다. 일 추진에 너무 소침하면 못 한다. 내가 마음먹은 대로 밀어붙여라. 너답게 하라(be yourself)! 그게 개성이고 뚝심이다. 이 눈치 저 눈치 살피다간 죽도 밥도 안 된다. 마음 가는 대로 하라. 현역의원 40여 명 이상과 원외 당협위원장 70여 명 이상이 동조했고 입당이 이튿날 예고 없이 현역의원 모두를 국회를 찾아 방문인사 간 것은 자신이 넘치는 당권장악이고 대표단을 능가하는 능력의 과시가 아닌가? 제3자의 눈으로 보는 이 시선은 평상을 뛰어넘는 비법이다. 이찰시변(以察時變)이다(때의 변화를 잘 살펴야 한다는 뜻). 평범 속에 비범이 있고 그 비범을 국민은 따라가는 것이다. 이 chaos(카오스: 混沌: 어지럽고 어두운 시대) 시대(時代)에 영웅이다.

　그래서 열광하는 것이다. 바로 희망이다. 관리가 지녀야 할 가치에 세 가지가 있다고 한다. 먼저 청렴함을 꼽았다. 벼슬아치는 깨끗해야 하지만 꿉꿉함을 지니면 어긋난다. 그 다음은 신중함이다. 할 말과 안 할 말을 잘 분간하고 몸가짐이 묵직해야 한다. 셋째는 부지런함이다. 앞의 두 가지가 없이 부지런하기만 하면 일을 벌여 놓고 수습이 안 되거나 급하지 않은 일 나중에 해도 될 일을 하느라 정작 급한 일을 미루게 된다. 이 경우 부지런함은 무능함과 같다. 스스로 깨우치고 수련하여 자기화할 것이다. 9대 성종임금께서 부채에 쓴 어필(御筆)에서도 벼슬에 임하는 방법 세 가지가 있는데(當官之法 唯有三事) 청렴하기(曰淸), 삼감(曰愼), 그리고 부지런함(曰勤)이라고 한 것도 관리가 지녀야 할 세 가지 가치와 일맥상통하는 것이다.

성종이 쓴 부채 어필(御筆)에 군자는 편안히 지내면서 천명을 기다리고 소인은 험한 일을 하면서 요행을 바란다고 했다. 이렇듯 자기관리를 위한 규범을 제시했고 부체 어필(御筆)에서 제시하였음은 얼마나 일탈을 방지하고 건전사회를 지향하려 애썼음인지 그림이 나온다. 지금의 우리 사회에 규범 속에서 녹여 만들 이정표 아닐까 생각해 본다.

종로구 관철동 중고서점 건물 벽 쥴리 벽화의 진실을 떠나 여권의 친여 단체에서 건물주와 단합한 네거티브형 공격이었다는 것이 판명되었으니 작품 주(主)에 사실이 아님을 고백은 있었지만, 법적인 응징은 계속돼야 한다는 것이다. 남북연락 사무소를 폭파한 북한 김여정의 한미훈련간섭에 호응하여 코로나19 확산을 이유로 훈련 중지 및 축소지향 대통령 의중에 맞춰 여당권의원 70여 명의 축소지향과 훈련 중지를 위한 연판장을 돌린 것은 김여정에게 화답한 것이 아닌가. 물론 송 대표가 반대하고 있고 야당과 여권 일부 의원의 반대가 있긴 하지만 두고 볼 일이다. 오죽하면 주한미군 사령관은 평시에 땀 흘려야 전시에 피 흘리지 않는다고 말했을까?

나훈아의 '테스 형! 세상이 왜 이래?' 이 구절이 가슴 절절히 사무친다. 더구나 남북평화와 트럼프 미국 대통령을 업고 벌인 평화 쇼 기간 북은 F35 스텔스기 도입 반대지령을 받고 시위를 벌인 이들이 북에서 2만 달러 활동비까지 받아 북한에 충성문까지 바친 사실이 있고 북한공작원 지시를 받고 2019년부터 F035A 도입반대 서명운동과 일인 릴레이 시위 규탄회견 등을 열었다. 김정은 위원장 답방과 DMZ 평화 인간 띠 활동 통일 묘목 보내기 운동도 벌였다. 이들은 문재인 대선후보 선대위의 특보단에 참여하여 여당 중진 의원을 만나면서 지방선거에도 출마했다. 남북 미북

회담으로 평화 쇼가 벌어지는 기간을 전후해 벌어진 일이다. 통합진보당 이석기 전 의원과 RO(알오) 조직은 북 지령에 따라 종북세력을 규합해 통진당을 접수했다. 국가기관시설 파괴 등 내란음모를 위한 무장조직까지 꾸렸다. 이 나라의 운명이 경각에 달렸는데 여야 간 야야 간 여여 간 대통령 후보 네거티브 비방전으로 날을 세서 여야의원 모두의 수준 미달이다. 관리가 지켜야 할 세 가지 가치에 전혀 미달이다. 차기 총선에서는 선수(選數)가 많을수록 잘라야 한다. 다선(多選)일수록 보는 안목이 높아 국가와 국민에 봉사할 눈높이를 높여 경각에 달린 국가 운명을 볼 줄 모르고 선수(選數)가 벼슬인 양 당권경쟁에 이용하고 국회의장 하기 위한 경력 쌓아 개인 위상 높이고 고급정보 이용하여 부동산투기로 벼락부자 만드는 데 사용하였음은 경각에 달린 국가운명을 구하지 못한 응징을 하여야 한다.

프랑스의 마크롱 대통령이 40 초반의 나이에 신당 만들어 대통령이 되고 독일의 메르켈 대통령은 원전시설 축소 운영정책을 신중히 다루기 위해 10여 년 검토 끝에 국민투표에 부쳐졌고 코로나19 팬데믹과 관련된 소상공인 피해보상으로 국가채무 상한선 관리를 세계에서 가장 잘하고 자금으로 매표(賣票)행위를 하지 않고 16년간의 총리직을 영광스럽게 마치고 물러난다는 가장 모범적 총리로 바이든 미국 대통령 초청을 받은 데 대해 부러움과 높은 경의를 표한다. 내 나라 안을 뒤돌아볼 때 부끄럽고 얼마나 작게 생각되는지 국민적 패배감이다. 이는 뒤집어 보면 프랑스는 귀족적 노동정책의 혁명으로 국가를 살렸고 독일은 원전정책을 중지시키는데 국민에게 묻는 신중함을 취한 것은 정책전환 신중함이 여실히 드러났다.

세계 나라가 코로나19로 국가채무 상한선을 가장 잘 지킨 모범국이었음은 역시 강국의 모습을 가장 잘 보여 준 여장부의 장본인이다. 북한의 그 여리고 여린 애송이 말 한마디에 북한으로 보내는 삐라발송방지법 만들어 화답하고 북한공작원 지시를 받은 대통령선거 특보단과 지방선거에까지 참여했다는 것은 공산화 다 됐다는 증거 아닐까 소름 끼친다. 메르켈과 마크롱과 비교해서 얼마나 격이 다른가. 정말 난세(亂世)다.

이럴 때 필요한 것이 영웅의 출현이다. 국민이 믿고 찾는 이가 영웅이다(英雄). 스스로 하고 싶어 하는 것이 아니고 너라야만 너이어야만 한다고 끌어냄을 당하는 이 바로 그가 영웅이다. 그 개인으로 봐서는 안 하면 더 행복하고 안위를 가질 위치지만 이 부름을 배척하면 역적 된다. 이순신 장군이 임진왜란 때 기울어져 가는 전시 상황에서 "신에게는 아직 12척의 배가 남아 있습니다" 하고 국가의 운명을 책임졌듯이 국가가 인정한 선거정치 지원금 25억여 원을 하루에 모금해 준 개미지원자들의 표심과 서울, 대전, 광주, 대구, 부산 지역 윤석열이 듣는다에 열광해 준 구름같이 모인 그 저변의 민심 동향을 믿고 영웅 부름에 회답한 것으로 본다. 개인의 안위를 떠나 국가의 위기에 뛰어들어 국가 대청소하라 밑바닥에서부터 구석구석 냄새나고 썩어 들어 가는 곳, 과거 썩었던 곳. 집권 초기에 속력 내어 짧고 굵게 치유하라 보복이 아닌 FACT(팩트: 사실)에 근거해서 억울한 사람 없이 잘 골라서 잘 잘라 내고 치유해서 청소년들이 희망을 갖는 역동적인 새 나라를 만들어 국민이 행복하고 기업이 활개 치는 영웅이 되기를 진심으로 빌어 마지 않는다.

6
윤석열, 대통령 된다

 평범한 가정주부가 일면부지(一面不知)하고 지연 혈연의 아무 관계도 없거니와 정치적으로도 아무 관심도 없는 민초(民草) 주부(主婦)의 한 사람이 역대 대통령 다섯 분을 그것도 대통령선거가 있기(김영삼, 김대중, 노무현, 이명박, 박근혜 대통령) 1년 전쯤에서부터 2년 전에(前) 생생한 당선을 알리는 당선된다는 꿈을 꾸어 맞추는 기이하고도 신통한 꿈에 이어 여섯 번째 대통령 되는 꿈을 꾼 것은 이름도 못 들어본 영상으로만 기억되는 어느 날. 윤석열 검찰총장으로 지명돼 전파를 타는 날 바로 저 사람이다.
 영상으로 저 사람이 윤석열이로구나 하고 알았고 꿈에서 본 그 장소를 답사해 봤고 그 꿈에 대하여 깊이 생각해 봤다. 물론 검찰총장에 임명된 영광에 예시였나 생각도 했지만, 강화도 마니산 정상에서 중국 방향을 바라보면서 아주 고뇌에 찬 모습으로 생각에 잠겼다가 윤석열 좌우로 고

급 정장 차림의 인사 다섯 사람 모두 열 사람의 인사와 함께 만족한 웃음 띤 얼굴로 내려오는 것을 보았는데 그 내려오는 모습에 다리(足)의 길이가 유별나게 긴(長) 것을 느꼈고 내가 한 번도 아니고 두 차례 걸쳐 윤석열을 만나 다리를 붙잡고 하소연을 했다.

나는 당신에게 그 어떤 금전적인 지원을 요청하거나 그 어떤 청탁을 원함이 아니요, 다만 이 나라를 지금의 고통이 아닌 희망이 넘치는 잘 살 수 있는 나라를 만들어 달라는 소박한 부탁을 드릴 뿐입니다, 라고 전달하였는데 무슨 뜻인지는 모르지만 '13'이라는 숫자가 영상에 남으며 늦었다고 하였는데 지금도 그 '13'이란 숫자가 무엇을 의미함인지 풀리지가 않는다.

앞에서도 열거했지만 '강화도 마니산'은 원래 이름은 우두머리(頭嶽) 두악 마리산(摩利山)이라고 하였는데 마리는 머리를 뜻하며 민족의 머리로 상징되어 민족의 명산으로 불려 오고 있다. 옛날 강화도령이었던 철종이 부름을 받고 환궁했던 곳이기도 하다. 2018년 새해를 맞아 단군왕검이 천제(天祭)를 지낼 곳을 찾아 강화도 참성단 답사를 시작했다고 태종실록 세종실록지리지에 기록되어 있기도 하다. 좌우에 5명씩의 인사는 정권교체를 위해서는 정파 불문하고 능력자를 내 편으로 만들어 뜻을 펼치고 좋은 정책 만들고 잘못된 정책 뒤집기 위해서 만들 고차원적인 두뇌 활용하는데 좌우 정파 다치지 말고 함께 가라는 예시 아닐까.

월성 원전 폐기 한 문제가 얼마나 많은 부분에 폐해를 가져왔는가. 기존 고급인재들의 국외유출로 얼마나 많은 국부가 유출됐으며, 한 기업의 몰락으로 수만 명의 인원 구조조정으로 한 사회의 몰락은 물론이고 수많은 가정의 몰락으로 파괴된 참상이 검증되지 않은 한 인간의 고집에 의한 현상 아닌가? 세계에서 가장 우수한 기술 분야를 암흑 속으로 쓸어 묻고 원전 분야에 속해 있는 학문 분야 학생들의 지원 포기도 기술의 우수성이 대가 끊길 판이다. 원전 대체 방법이라고 추진하고 있는 태양광 추진한다고 멀쩡한 살림 다 베어 내고 태양광 덮어 얼마나 많은 산상(山上)에 옥상(屋上)에 수상(水上)에 태양광을 설치했는가? 그것도 힘 있고 연결 있는 업자 선정하여 끼리끼리 배를 불리고 주재료는 모두 중국산 사용으로 외국 장사시켜 주고 삼복(三伏) 중 전

기예비 비율이 위험수위에 가까워지니까 원전 일부 가동지시로 위험수위 넘기는 웃지 못할 이 잘못된 정책을 바로잡자면 능력자라면 과거 따지지 말고 좌우 정파 따지지 말고 정권교체 뜻만 맞으면 잡고 가야 한다는 것이다.

강화도 마리산! 영험한 산이다. 예로부터 우두머리(頭嶽)라고 하지 않았나. 국운을 짊어질 우두머리를 뜻하는 산이라 서해(중국 쪽)를 바라다보며 상당히 고뇌에 찬 모습으로 바라보다가 끝내는 웃고 내려오는 꿈은 지나칠 일이 아니다. 실제 왜 중국 쪽이 걱정거리가 없겠나. 각종 통상 외교, 국방, 문화 여러 방면에서 갈등이 도사리고 있는 현실에서 왜 걱정거리가 없겠느냐마는 그래도 기술 면에서는 한 수 위인 현실에서 숙이는 것만이 이김이 아니다. 우리의 기술을 바탕으로 하나를 주고 10개를 뺏어오는 지혜로 국가의 정체성을 지켜나갈 때 싫으면서도 끌려올 수밖에 없는 첨단인간 요리법이 필요하다. 이는 곧 미국에서 공부하고 돌아와 있는 전문가들의 몫이다. 더구나 꿈에 본 유별나게 긴(長) 다리의 의미는 무엇인가 다리는 인체의 가장 중요한 행동의 도구다. 머리에서 지시받은 내용을 행동하기 위해서는 다리가 필요하다. 그 다리가 유별나게 길어 보였다는 것은 길조(吉兆)다. 많이 다니고 오래 다닌다는 길조임이 틀림없다. 국운이 길게 번영함을 예시한 것이다. 믿어 의심 않는다.

 그런 다리를 두 차례씩이나 내가 붙들고 무슨 하소연을 하려 한 것은 지금의 이 절실한 간절한 희망 사항을 전하려 했음이라. 지금도 더 이상의 바람은 없다. 실로 혹여 상면할 기회가 있다 하더라도 할 말은 나라꼴 제대로 만들어 국민 편하게 살게 해 달라는 그게 전부다. 그러면 어찌 천기누설(天氣漏泄)일지도 모를 "윤석열, 대통령 된다"를 발간하려는가. 원인은 한 가지! 김영삼 대통령을 시작으로 김대중 대통령, 노무현 대통령, 이명박 대통령, 박근혜 대통령에 이르기까지 다섯 명의 대통령을 그것도 당선 1년여 전에 선몽한 꿈이 전부 맞았다는 것은 정말 기이하기도 하다. 그간 30여 년 간에 걸쳐 생활 중에 겪은 각종 꿈 이야기가 어쩌면 그렇게 선명하게 맞아떨어지는지 나 자신도 놀라곤 한다. 이번 "윤석열, 대통령 된다"를 책으로 발간하게 된 것도 여섯 번째 꾼 꿈을 나는 확신하기에 주저하지 않는다.

나는 73세의 가정주부다. 무슨 입신양명(立身揚名)을 바라겠나. 다만 공익성을 굳이 말한다면 나같이 소상공인의 한 사람이 느끼는 사회상에 대한 염증에 나 이상으로 느끼고 있는 대다수 국민이 바라는 정권교체의 마음을 담아 봉사하고자 함이다. 얼마나 많은 국민이 힘들어하고 전국 곳곳에서 못 살겠다고 아우성인가 특히 젊은이들의 희망을 포기한 미래를 보면서 얼마나 많은 부모의 마음은 이 혼돈의 시대를 빨리 종식되기를 얼마나 뼈저리게 갈구하고 있는지 나는 감히 내다본다. 그렇게도 긴(長) 문재인, 추미애의 정치탄압 속에서 꿋꿋하게 버텨 온 윤석열의 기개와 굳은 의지를 보면서 얼마나 많은 밤을 지새우며 너만큼 나라 구석구석의 비리 많이 알고 감추고 덮었던 그 많은 비리 끄집어내 고칠 수 있는 능력 있는 사람이라는 것을! 좌경으로 쓰러져 가는 대한민국 다시 세울 수 있는 너뿐이라고 가는 곳마다 구름처럼 모인 인파의 애끓는 울음의 속마음을 감히 내 알기에 그 애 닮음에 답해 주고자 함이다.

여태껏 맞아 온 내 꿈의 확신을 믿고 주저 없이 밝히고자 한다. '윤석열이 대통령 된다'고 혹여 이 책을 통해 많은 국민이 잠시라도 위안이 되고 정권교체로 이어질 새 나라 새 시대에는 희망이 샘솟는 공정한 시대가 반드시 올 것이라는 희망을 품게 된다면 이 또한 커다란 행복 아닌가. 또한 봉사 아닌가. 나의 이 작은 노력으로 많은 국민의 위안이 되고 희망이 된다면 무엇을 주저하겠는가. 내 일전에 혹여 정치적인 압박이 있을지라도 그는 내 몫이라 감내할 것이다. 이 국가에 크게 봉사한 선인들이 겪었던 고초에 비한다면야 난들 왜 못 버티겠나. 젖 달라고 울고 보채는 애(兒) 없고 학비 달라고 서 있는 미성년자 없으니 크게 걱정할 것 없다. 허리 굽은 70 노파(七十老婆)의 때늦은 욕심일까. 나답게 하여라(be myself) 생각했으면 행동하라 신조, 다 닥치지도 않은 미래에 너무 소침하거나 걱정을 예견하면 아무것도 못 한다. 어떤 압력이 닥치면 그때 대응해 나가면 된다.

모든 일에는 대응방법이 있기 마련이다. 윤석열이 자기가 대통령 되고 싶어 되는 것이 아니다. 지금도 대통령 하겠다는 이 여야 모두 20명이 넘지 않는가. 여자가 아이를 갖고 싶다고 가져지는 것이 아니듯 몇만 분의 일에 해당하는 경쟁우위에서 아이를 잉태하듯 일국에 대통령이 아무나 되고 싶어 되는 것이 아니고 하늘이 점지해 줘야 몇천만 분의 일에 해당하는 남다른 비범이 있어야 점지를 받는 것이다. 그 점지는 구름처럼 모여드는 바람으로 나타나는 것이다. 윤봉길 의사의 기념관에서의 정치참여의사 발언 시 모여든 수백만의 구름 인사 광주 대전 대구 부산의 '윤석열이 듣습니다'에서 모여든 울음을 동반한 구름 같은 국민 부름의 바람이 또 다른 하늘의 점지요 천우신조(天佑神助)의 증명 아닌가? 여타 후보들은 몇 달이 걸려도 달성 못 한 정치지원자금 모금에 하루 만에 법정 한도 25억여 원의 달성마감은 또 다른 하늘의 점지요 천우신조의 증표 아닌가. 국민 부름의 나타난 증표 아닌가? 윤석열은 이렇게 국민 부름에 화답한 것이고 정권교체에 강렬한 의지를 다짐한 바 있다. 난세에 부름을 받은 현상을 하늘의 점지라고 말한다.

나타난 영웅이라고 바꾸어 말할 수 있다. 기획된 네거티브였던 엑스파일을 음해, 쥴리의 모함, 장모구속 등에도 변함없는 지지세의 유지 등은 또 다른 천우신조의 조화(助化) 아닌가. '대선 댓글조작' 드루킹 사건으로 대법원 판결로 징역이년이 확정된 것은 정권교체의 마중물이었으며 북한공작원 지시를 받고 스텔스 전투기 F-35A기 도입반대 시위를 벌인 이들이 2만 달러 공작금까지 받아 활동하고 문재인 대선후보 특보단에 참여했고 남북연락사무소를 폭파한 북한 김여정의 한미훈련간섭에 여당의원 74명의 회답동조는 감추고 싶었던 일면 윤석열에게는 천우신조 아닌가.

이렇게 국민의 부름을 받고 사회 구석구석에서 나타난 천우신조의 현상에 여섯 번째 꿈의 확신을 더해 다시금 "윤석열, 대통령 된다"로 국민에게 공개하는 바이다. 나는 정치인이 아니다. 소상공인으로서 하루 매출이 좀 상승하면 안색이 밝아지고 하루 매출이 낮으면 안색이 어두워지는 나 살기 바빠 이런 꿈의 신비함을 밝혀 입신양명(立身揚名)할 생각 없고 더구나 누구를 편들고 누구를 깎아내릴 생각은 더욱 없다. 강조할 점은 윤석열과는 어떤 혈연, 지연, 지인(知人) 관계가 아니라는 것이다. 순수한 의미의 나 혼자만의 결정이고 행동이다. 내 인생에 속속들이를 들여다볼 필요 없다. 지면에서 밝힌 게 전부다. 본래 문학 분야에 아무 소질도 없고 투박한 문맥 사용에 질책하기에 앞서 깊은 이

해를 바라 마지않는다.

새벽 4시부터 일어나 몇 명일지 모를 아침 손님 접대하고 나면 9시, 옆에서 할아버지가 거들어 주기는 하지만 모자라는 잠 때문에 주방장 9시에 출근하면 못 잔 잠을 마저 잔다. 잠깐 눈 붙이고 깨면 12시고 점심시간 닥쳐 한 사람이든 열 사람이든 점심시간 대접하고 나면 1~2시 또다시 모자라는 잠 다시 자거나 휴식을 갖거나 틈틈이 이 글을 쓴다. 1월부터 쓰기 시작하여 8개월째다. 4시쯤이면 다시 모자라는 식찬 만들고 저녁 손님맞이에 바쁘다.

우리 식당은 객실이 50여 개인 모텔과 객실 40여 개인 모텔을 끼고 있어 숙박객이 만실일 때 400~500명이 넘는 특색 있는 식당이지만 코로나19 팬데믹 사태 이후엔 평소에 30%밖에 달성되지 않아 피로감이 많다. 저녁 시간이 마감되면 밤 9시에서 10시쯤이다. 씻고 나면 10시 반 1년 중 추석과 설날 빼고는 쉬어 보지 못한 연중무휴인 전천후 식당이다. 혹여 밤에도 써 보기도 했지만, 속도는 나지 않는다. 8월 중에는 마쳐야겠다고 생각하고 있다. 미천한 한 여자가 쓴 졸필에 격 높은 비판보다는 고된 일상의 여자생활상에 동정의 격려 찬사를 기대한다.

주로 모텔에는 일하러 오는 사람들이 달방(月貰)으로 사용하기 때문에 고정으로 장기적으로 식사하는 손님이 대부분이라서 평소 알고 지내는 이웃 같고 어쩌다 새로운 팀의 손님이 오면 친절하게 맞이해 손님과 주인장의 관계가 아니고 엄마와 아들 관계와 같은 끈끈한 인간관계로 발전하여 항상 웃음이 함께하는 활기찬 식당 분위기가 넘친다. 항상 새로운 얼굴들 만나 반갑고 많이 남아서가 아니라 항상 현금이 떨어지지 않는 즐거움에 웃으며 산다. 웃으며 즐겁게 사는 것이 건강의 비결 아닌가. 아직은 또래들보다는 젊게 보이고 큰 병 없이 남들 못 하는 아침 식사에서부터 그 집은 항상 문 여는 연중무휴 식당으로 유명한 식당을 만들었으니 이 아니 행복인가.

틈틈이 식자재 구매차 마트 방문, 세무사 만나 자료 제출에서부터 조정업무까지 그야말로 몸을 12개로 쪼개도 모자랄 정도의 바쁜 삶이다. 이제 일 않고 놀고먹을 나이가 되었지만 너무 편하면 병난다. 옛말에 몸이 편하면 입도 편하다고 했다. 크게 많이 벌어 놓은 것 없으니 생각이 많다. 물론 지금 손 놓아도 밥이야 굶겠느냐마는 할 수 있는 날까지는 하련다. 그렇게 하는 것이 국가적으로도 득이 된다고 생각한다. 국가에 신세를 덜 지는 것도 또 다른 애국 아닌가. 모든 국민이 제자리에서 생산을 만들어 내는 사회풍토가 활성화된 사회다. 그런 사회가 건전한 사회다. 내 이런 작은 생활철학이 건전사회 조성에 일조 있기를 빌어 마지않는다.

허물은 말(言)에서 생겨나고 뉘우침은 일을 하는 데서 생겨난다. 국민연금과 공무원연금은 처음 생길 때부터 적게 내고 많이 받을 수 있도록 설계돼 있기 때문에 역대 대통령들은 김영삼 정부 때부터 박근혜 정부까지 관련자들에게 욕을 먹으면서도 연금개혁을 단행했다. 개혁이란 더 내고 조금 더 늦게 조금 적게라는 초점이 들어가는 인기 없는 일 귀찮은 일 반발이 있을 것 같은 일로서 손대고 싶지 않은 분야지만 국민연금기금의 경우 2041년 정점을 찍고 적자로 돌아서 2057년 소진할 전망이 보이는 분야로서 개혁을 하지 않으면 안 되는 절체절명의 운영인 것을 문재인 정부만 임기 말이 닥치는 지금(2021년 8월)까지 연금개혁을 하지 않고 넘어가는 첫 정권인 것이다. 싫어하고 더구나 표 떨어질 일이라고 손 안 대면 과연 대통령의 소임을 다함인가. 생색낼 일은 남의 노력에 숟가락만 얹어 생색내고 낯붉혀야 하고 책임져야 할 일(해상공무원 북한총살 후 화장)에는 뒤로 숨는 비겁한 처세술에 실망감을 감출 수 없다.

코로나19 팬데믹 한복판에서 터널에 끝이 보인다. 한 대통령의 잘못 판단이 치솟는 2차 대유행에 실망한 국민심정에 불을 질렀고 미국 제약사(모더나)와 대통령이 직접 통화하여 백신 부족은 없앴노라고 자랑 안심시키더니 200m씩 줄 서서 기다리는 백신접종 신청은 2~3주씩 연기한 예가 몇 번째이던가. 급기야 국민적 불신이 하늘을 찌를 때 청와대 직원을 포함한 특보단을 구성하여 미국에 파견한 교섭 내용을 기다리고 있다. 백신 구입에 도움 있을까 싶어 복역 중인 이재용 삼성전자 부회장을 사면이 아닌 가석방한 것은 뭐 주고 뺨 맞는 형국이 됐다. 필요하면 행복의 자유를 다 주어야지 일부 행동제약을 동반한 자유에 힘들어할지 모른다.

가시 없는 선인장이 없는 것처럼 성장통 없는 성장도 없다는 옛말에 위안을 가져야 할까. '처음'이란 단어와 '마지막'이란 단어의 의미를 곱씹어 보고 신중한 정성을 다하여야만 하겠다. 우리는 코로나 대유행에 따른 총제적 위기와 국가적 국민분열이라는 내우외환(內憂外患)에 처해 있다. 경제성장 동력이 꺼져 가는 상황에서 코로나 사태를 극복하지 못하면 재침체 상황에 직면할 수 있고 국론분열을 치유하지 않으면 천문학적 갈등비용으로 나라가 위기에 처할 수 있다.

통일 독일 헌법의 기초를 마련한 '루돌프 스엔트'는 "국민 통합을 위해 온 국민이 공감하는 가치창출과 함께 통합의 리더가 필요하다"고 역설했다. 국민 통합을 주도하는 지도력을 갖춘 지도자가 나와야 한다. 바로 시대(時代)에 소환되어야 한다는 뜻이다. 바로 지금의 윤석열 현상이다. 그래서 내가 꾼 꿈의 현상과 일치한다. 그래서 더더욱 확신한다. 윤석열 대통령 된다! 된다! 된다! 관세음보살 나무 관세음보살 합장. 나 개인의 믿음이요 바람이고 신앙이다. 불과 6개월여 후면 백일하에 드러날 것이고 꿈의 여섯 번째 적중이 사실로 나타날 것이다. 이는 시대의 영웅이요 시대의 부름이 꿈이라는 영상으로 나에게 나타난 것이다. 앞선 대통령들의 영상도 선거일 1년 이상의 지점에서 게시됐다는 점에서 확실할 수밖에 없는 보이지 않는 실체이며 손에 잡히지 않은 신앙의 믿음의 제물이다. 박근혜 부문에서 내가 중도 하차한 것은 어쩌면 탄핵을 예시한 것이고 이명박의 창고 내에서의 꿈의 영상은 영어의 몸을 뜻한 바 아닐까.

윤석열이 중국 쪽을 향한 만족한 웃음은 길조다. 유난히 긴(長) 다리는 행보의 길함이 있을 것으로 믿고 있다. 가는 곳마다 구름같이 사람이 모이고 꼬이는 것은 신의 부름이요 시대적 소명의 현상이기도 한 것이다. 사막 한가운데 있는 신기루같이 나타난 오아시스처럼 국민은 가고 싶고 목말라서 귀하게 생각되어 참여하고 싶어 한다. 이렇게 시대의 부름으로 승화된 것이다. 문재인 정부 5년을 거치면서 확실하게 늘어난 4가지가 있는데 '정부 씀씀이, 나라 빚, 집값, 전셋값'이다. 이를 치유하기 위해서는 겸청납하(兼淸納下) 두루 많은 이들의 의견을 듣고 특히 낮은 곳에 있는 사람들의 말을 잘 받아들이라고 하는 뜻이다, 의 뜻을 실천해야겠다.

언론 '징벌법' 국내는 물론 국제언론 관련 단체들로부터 우려 섞인 반대에 8월 30일에서 9월이 27일로 국회상정 일정을 미룬 것은 다행이지만 자신들의 비위가 언론의 취재보도로 밝혀졌던 경험을 공유한 자들을 대신하여 최초로 이 법을 제기한 사람은 이스타 항공 500억원대 횡령배임혐의로 구속기소된 이상직 의원이다. 대통령 딸의 국외이주를 도와준 사람으로서 그 대가인지 여당 국회의원이 되고 수사를 피하면서 권력의 비호를 받아 왔다. 가짜뉴스와 싸울 수 있는 최소한의 보호장치라고 주장하며 징벌적 손해배상 필요성을 주장했다. 윤미향 의원의 '정의연(정의기억연대) 보호법' 발의도 전형적인 유체이탈 아닌가. 혹시 정권이 바뀐 후 각종 부조리한 지난날의 잘못을 입막음 위한 보험성 장치가 아닌가? 국민은 알고 있다. 이 법이 통과된다면 국민저항이 일어날 것이다. 국민저항은 3월 9일 대통령 선거에서 투표로 답할 것이다.

지난 서울시장 부산시장 선거에서 죽비를 맞았다고 대통령이 말했지만, 이번에는 죽비가 아니라 단장으로 맞을 것이다. 그것도 희생하지 못할 만큼이 강도가 취해질 것이다.

그것도 딱 잘라 보류를 지시하지 않고 여야가 숙연의 시간을 갖게 된 것은 다행스럽다고 말한 것은 국회승인을 압박한 또 다른 방법 아닌가. 작년 1년(2020)은 추미애가 윤석열을 키워 대통령 후보로 올려놓더니 이제는 문재인이냐. 중도까지 살아서 우파결집으로 윤석열을 키워 주는 꼴이 아닌가? 추미애가 때리는 종(鐘)은 학교 종이요 문재인이 때린 종은 에밀레종으로 더 멀리 더 넓게 더 크게 울림이 있을 것이다. 설사 이 법이 국회통과가 안 되더라도 이미 종소리는 울려 퍼졌다. 울려 퍼진 종소리는 거둘 수가 없다. 후회하고 사과를 해도 소용이 없다. 이미 그 속마음을 모두 헤아렸기 때문이다.

문재인은 생즉사(生卽死)요(살려고 하면 죽는다는 뜻) 윤석열은 사즉생(死卽生)이라(죽기를 각오하면 살 수 있다는 뜻). 너무 간교하게(약게) 세상을 살면 죽음을 피할 수 없고 우직한 각오로 죽기를 각오하면 오히려 새 삶이 있는 법이라고 말했다. 유시민 노무현재단 이사장, 최강국, 황희석 당시 열린 민주당 비례대표를 고발하라고 꼬드겼다는 고발 사주자 의혹은 검언 유착 등으로 윤석열 전 총장과 아내 김건희 씨 한동훈 검사장이 피해를 보게 된 과정에 여권 인사들이 개입한 의혹이 있으니 이에 대한 고발을 해 달라고 윤석열 검찰이 야당에 주문했다는 주장이다. 여당은 감찰부 대검 공수처 등에서 조사할 예정이며 당 대표 원내대표는 물론이고 여당 대통령 후보들까지 나서서 성토 중이며 국회 법사위까지 소집하여 윤석열 대통령 후보직을 사퇴하고 수사를 받으라고 압박하고 있다.

  윤석열 전 총장은 실체도 없는 고차적으로 설계한 정치탄압이라며 근거가 있으면 내놓아라. 만일 근거를 내놓지 못하거나 사실이 아닌 것으로 판명될 때는 여당에서 앞장섰던 자들은 모두 사퇴하라고 강력히 반발하고 있다. 야당에서도 당무 감사로 대응하고 있고 대응 팀을 구성 중이니 머지않아 실체가 밝혀지겠지만 국민은 알고 있다. 대통령선거 때마다 유령처럼 나타났다가 사라지는 기획된 음모 정치탄압임을 알고 있다. 부동의 1위 자리를 지키고 있는 야당 대통령 후보를 끌어내기 위한 작전이 시작됐음을 안다. 정권교체의 분위기가 높아짐을 여당도 느꼈음에 초조함을 느끼고 갖은 수단을 다해서라도 막겠다는 태도일 것이다. 확실한 정치공세이며 정치공작이다.

이회창 대통령 후보 시절에 병풍조작 사건으로 낙마시킨 전례가 말해 준다. 옳고 그름이 뒤집힌 가치전복의 현실을 갖고 있다. 당연하다고 여긴 것 맞는다고 믿었던 것들이 부정당하고 정상이 비정상에! 상식이 비상식에 자리를 내주고 있다. 기획된 설계는 진실이 드러나게 돼 있다. 이 사건이 백일하에 드러나는 날 이 일에 앞장섰던 여당 관계자들의 면면은 어떻게 변명할까. 국민은 믿고 있다. 윤석열 당신은 지금 정치공작에 시달리고 있다. 이 시련을 이기고 넘겨야 희열을 맛본다. 이후로도 몇 차례의 시련이 더 있을 수 있다. 철저히 대비하고 더 강해져야 한다. 대세는 기울어졌다. 윤석열 대통령 된다. 네거티브에 잘 대응하고 선거날 표 도둑맞지 않게 특별히 잘 관리하면 고지는 멀지 않았다. 특히 지난 4.15 총선 때처럼 표 도둑 의심만 잘 막으면 정권교체는 틀림없다.

흥분은 금물이요 언제나 성급함은 재앙이다. 항상 먼 미래를 함께하는 신중함을 잃어서는 안 된다. 인생은 무거운 짐을 지고 먼 길을 떠나는 것과 같아 서둘러서는 안 된다.

세상 일이 마음대로 되지 않는 것을 항상 있는 일로 받아들이면 마음의 편치 않음도 없을 것이다. 욕구하는 마음이 생길 때에는 곤궁했을 때를 떠올리라고 인내하는 것이 오래도록 무사히 마음의 평안을 얻는 길이다. 분노는 자신에게 해로운 적이다. 이기는 것만 알고 지는 것을 모르는 것은 위험하다. 자신을 반성하고 타인을 책망하지 말아라. 모자라는 것이 넘치는 것보다 나은 것이다. 도쿠가와 이에 이산 유훈으로 알려진 이 말은 리더가 지켜야 할 덕목이다. 마음을 다스리는 수신(修身)의 계율(戒律)로 지금도 널리 회자하고 있다. 음모와 책략으로 오염된 현실정치의 악취가 진동할수록 책임정치와 희망의 정치가 절실해진다. 공인으로서 세상에 내보낸 말에 대한 책임을 지키기 위해 지역구 국회의원직을 버린 윤희숙 전 의원의 결정이 실존적 울림을 갖는 것은 이 때문이다.

 9월 16일 홍준표 후보는 '조국수사는 과잉수사'라고 말한 것은 얼마나 속 보이는 얕은 책략인가. 파란 마스크에 파란 넥타이로 위장한 얼굴로 문파들의 역차별 지지를 끌어올리려는 얕은 책략을 썼다가 전 국민의 역풍을 맞는 꼴은 딱하기까지 하다. 더구나 지지했던 2030 젊은이들의 이탈을 느끼고서야 한발 물러서는 처신은 정말 속보였다. 아니 목젖까지 보였다.

민주당의 김용민 의원과 조국 아내를 변호했던 8인 협의체가 대표적으로 만들었다는 언론징벌법에 대하여 국제인권단체인 휴먼라이츠워치(HRD)가 문재인 대통령과 한국국회에 보낸 서한에서 "표현의 자유를 심각하게 저해하고 언론의 비판적 보도를 어렵게 만들 수 있으니 통과시켜서는 안 된다"고 했다가 열람차단 청구권 등의 조항을 삭제하라고 촉구했다. 휴먼라이브는 앰너스타인터내셔널과 함께 가장 권위 있는 국제인권단체로 평가받는다. 이런 권위 있는 국제인권단체의 서한을 공개하지 않고 저들끼리 몇몇이 돌려 보고는 덮어뒀다가 휴먼라이츠가 SNS에 공개 기재하는 바람에 세계에서 조롱거리가 되고 말았다. 보기 흉한 똥을 덮어 놓았다가 덮어 놓았던 덮개를 걷어 내는 바람에 흉물을 포함해서 악취까지 전 세계에 풍기는 웃지 못할 처신에 낯 뜨거워 얼굴을 못들 지경이다.

세계적인 조롱거리를 만들어 놓은 상황에서 안 가도 될

유엔총회행사엔 굳이 유엔연설을 위해 부부동행 방미가 정말 긴요했던가. 133만의 소상공인의 절규는 귀에 안 들리는가. 하루가 멀다고 들리는 자영업자들이 극단적 선택의 울림이 한낱 개 짖는 소리로밖에 안 된단 말인가. 국가 빚이 1,000조 원이라는데 밤잠을 못 자며 자구책을 강구해야 할 이 엄중한 시기에 법무부의 받들어 우산을 연출한 우산맨처럼 북한에 남북종전선언을 연(連) 3년째 제창하는 그 연설을 경청한 각국 대표단이 몇 명이나 있었나? 민망하고 씁쓸하기 그지없다. 텅 빈 객석좌석을 오도하기 위해 각도 잡아 많은 사람이 경청한 것인 양 연출하면서 북한이 그렇게도 주장하는 종전선언을 통한 평화 협정하자는 그 음모 속에는 미군 철수의 전제가 깔렸음에 우산맨이 지나치게 아부한 처신처럼 북한 편에서 동조한 것이 아닌가. 오죽하면 들어볼 가치조차 없어 대부분 자리를 비운 것은 인격을 하대받은 것 아닌가? 국내에서는 언론중재법 발의로 국민과인론을 억압하면서 포용과 상생을 허공에 대고 제창한 것이 전 세계에 어떻게 비쳤겠는가. 북한이란 집단은 불가근(不可近) 불가원(不可遠)

이라(너무 가까워서도 안 되고 너무 멀어서도 안 되지만) 중요한 것은 국익이 우선이요 국가 체통을 세워야 한다.

　김여정 한마디에 대북전단금지법이 생겨나고 올 1월 김정은이 '3년 전 봄날'을 언급하며 한미훈련 중단을 요구하자 문 대통령은 "북과 협의할 수 있다"고 말한 것은 도대체 이게 나라인가. 얼마나 북한에 잡힌 게 많기에 이렇게까지 비굴하단 말인가. 문재인 대통령에게 전한다. 진정한 의미의 변화는 상대가 아닌 나를 바꾸는 것이다. 그것이 열리지 않는 문(問)을 여는 가장 빠른 방법이다.

　윤석열 전 총장이 '집사부일체' 예능 프로그램에 출연한 바 있다. 젊은 멘토들과 격의 없이 자연스럽게 오가는 대화가 좋았고 거짓말 탐지기에 손을 얹고 추미애가 계속 씹을 때 스트레스 안 받았느냐고 물을 때 안 받았다고 대답할 때 탐지기가 거짓말이라고 반응이 나왔다. 그때 온 진행요원과 함께 폭소를 터뜨린 장면과 여기 온 진행요원 모두가 대통령선거 때 윤석열 후보를 안 찍었을 때도 괜찮다. 예, 아니요 답변요청에 아니요라고 답할 때 전 진행요원과 함께 함박웃음을 웃었을 때 얼마나 소박한 심성을 나타낸 것인가.

인간미가 넘치는 순수함에 많은 시청자가 공감하고 동화되었으리라 생각한다. 더구나 끝에 대통령이 된 후에 꼭 안 하겠다는 두 가지를 혼밥(혼자 밥을 안 먹겠다) 안 하겠다, 국민 뒤에 숨지 않겠다고 말한 것에 문재인 대통령을 연상하게 했고 애창곡 요청에 가수 이승철이 부른 "그런 사람 또 없습니다"를 완창해서 전 시청자를 감동케 했다. 앞으로 이 곡이 세상에 다시 뜨는 국민 애창곡이 되리라 믿어 의심치 않는다.

한 가지 덧붙여 말할 것은 원고를 팔월 말에 다 써 놓고 후면에 여백이 남아 언론 징벌법에서부터는 9월 초에 써넣었다는 것을 알린다. 8월 말에 선거법 위반으로 출판이 거절돼 대통령선거 후 출판하기로 미루고 공간적인 증명을 위해 법원공증사무소에 가서 배우자인 남편이 공증처리를 한 후 공증인증서 부분을 첨부하여 공간의 시차를 명확히 하고자 노력했다. 세상에서 가장 아름다운 말인 '감사합니다'를 끝으로 남긴다.

수원시 영통구 창교중앙로248번길 7-1, 201호
[별지 제33호서식]

공증인가 **법무법인 世人**

(전화) T.216-2388
(팩스) F.216-4393

등부 2021년 제 336 호

인 증 서

確認書

本人의 妻 박순자이 여러 대통령이 당선되다는 공능 대전공능(김영삼.김대중 노무현 이명박 박근혜) 당선되기 일년여전에 꾸었고 이번 윤석열이 대통령이 되는꿈을 출장되기전에 꾸이 하므신기 하고 당선을 확신하기에 출마을 하라고 하고그사람을 완력하고 출마을 요의하였으니 선거법 위반으로 불가 함은없고 금일(그외 8월 31일) 자도 공능을반의 선거후 출마하고저 합니다.

이에 공능을 하고저 합니다.

2021년 8월 31일

성명 : 노 인 호
주민등록번호 : 460121-1229***
주소 : 하양읍 광남읍 구한천리 (이6번지)
거소 :   " 조시영양동 로양-9번지
주름살 가든.

```
수원시 영통구 광교중앙로248번길              공증
7-1, 201호                                        법무법인 世人              (전화) T.216-2388
[별지 제35호서식]                            인가                              (팩스) F.216-4393
```

등부 2021 년   제 336호

인   증

위 확인서--에 기재된

촉탁인 조인호 는---

본 공증인의 면전에서 위 사서증서의 서명 -   이 본인의 것임을 확인하였다.-----

본 공증인은 위 촉탁인이 제시한--------- 주민등록증---------------------

에 의하여 그 사람이 틀림없음을 인정하였다. -------------------------

2021년 08월 31일 이 사무소에서 위 인증한다.

공증사무소명칭	공증인가	**법무법인 世人**
소 속		수원지방검찰청
소재지표시		수원시 영통구 광교중앙로248번길 7-1, 201호
공증인	공증담당 변호사	이 종 (서명)

210mm X 297mm
보존용지(1종) 70g/㎡

祝 辭 (축사)   사진

"윤석열 대통령 된다" 曙光(서광)에 그음처럼
위대한 인물들은 죽어졌다는것은 永生(영생) 아니며
不滅(불멸) 이 법칙이다 영원히 살아 숨이 있으며
역사에 맞추어가며 몸은 숨졌을 혼으로 깨어서 변천되는
전환후 시공주로서 그자 혼백들에게 원천하시므로 한
나라에게 왔는데 어찌 감히 대통령 당선을 예고한
천기누설(天機漏洩)을 설파하였는가 서서 영(曙 曙瑩)!
새벽서기에 맑음이리라, 임인년(壬寅) 새해 벽두에 새벽)
맑아오듯 不滅(불멸)의 작동원을 축하드립니다
다져놓은 숨(마디)은 운제거리가 아니라 대치못한
겹쇼(奉 運)이 충전된 기백는 덩어리가 틔겻음으로 믿어
의심치 않으며 더 크고 넓고 깊은 숨겨진 믿살이 되시길
기원드립니다
축하드립니다
                            2021. 8. 31
        윤서열을 사랑하는 모임   이 차 례
     강남구 (圓 4로) 회장   (李 次 禮)
     역사학장